Sandra Sommer
Markus Sommer

Sachunterricht an Stationen

Handlungsorientierte Materialien für die Klassen 1–4

SPEZIAL

Deutschland und Europa

Auer Verlag

Die Herausgeber:

Marco Bettner – Rektor als Ausbildungsleiter,
Referent in der Lehrerfort- und Lehrerweiterbildung,
zahlreiche Veröffentlichungen als Autor und Herausgeber

Dr. Erik Dinges – Rektor einer Förderschule für Lernhilfe,
Referent in der Lehrerfort- und Lehrerweiterbildung,
zahlreiche Veröffentlichungen als Autor und Herausgeber

Die Autoren:

Sandra Sommer – Förderschullehrerin, langjährige Berufserfahrung an einer Grundschule,
zahlreiche Veröffentlichungen

Markus Sommer – Grundschullehrer

Gedruckt auf umweltbewusst gefertigtem, chlorfrei gebleichtem
und alterungsbeständigem Papier.

1. Auflage 2013
Nach den seit 2006 amtlich gültigen Regelungen der Rechtschreibung

Umschlagillustration: Corina Beurenmeister
Illustrationen: Corina Beurenmeister
Satz: Druckerei Joh. Walch, Augsburg
Druck und Bindung: Druckerei Joh. Walch, Augsburg
ISBN 978-3-403-**07016**-0

www.auer-verlag.de

Inhalt

Vorwort

Bei den vorliegenden Stationsarbeiten handelt es sich um eine Arbeitsform, bei der unterschiedliche Lernvoraussetzungen, unterschiedliche Zugänge und Betrachtungsweisen und unterschiedliche Lern- und Arbeitstempi der Schülerinnen und Schüler* Berücksichtigung finden. Die Grundidee ist, den Schülerinnen und Schülern einzelne Arbeitsstationen anzubieten, an denen sie gleichzeitig selbstständig arbeiten können. Die Reihenfolge des Bearbeitens der einzelnen Stationen ist dabei ebenso frei wählbar wie das Arbeitstempo und meist auch die Sozialform.
Als dominierende Unterrichtsprinzipien sind bei allen Stationen die Schüler- und Handlungsorientierung aufzuführen. Schülerorientierung meint, dass der Lehrer in den Hintergrund tritt und nicht mehr im Mittelpunkt der Interaktion steht. Er wird zum Beobachter, Berater und Moderator. Seine Aufgabe ist nicht das Strukturieren und Darbieten des Lerngegenstandes in kleinsten Schritten, sondern durch die vorbereiteten Stationen eine Lernatmosphäre zu schaffen, in der Schülerinnen und Schüler sich Unterrichtsinhalte eigenständig erarbeiten bzw. Lerninhalte festigen und vertiefen können.
Handlungsorientierung meint, dass das angebotene Material und die Arbeitsaufträge für sich selbst sprechen. Der Unterrichtsgegenstand und die zu gewinnenden Erkenntnisse werden nicht durch den Lehrer dargeboten, sondern durch die Auseinandersetzung mit dem Material und die eigene Tätigkeit gewonnen und begriffen.

Ziel der Veröffentlichung ist, wie oben angesprochen, das Anknüpfen an unterschiedliche Lernvoraussetzungen der Schülerinnen und Schüler. Jeder einzelne Schüler erhält seinen eigenen Zugang zum inhaltlichen Lernstoff. Die einzelnen Stationen ermöglichen das Lernen nach allen Sinnen bzw. nach den verschiedenen Eingangskanälen. Dabei werden sowohl visuelle (sehorientierte), haptische (fühlorientierte) als auch intellektuelle Lerntypen angesprochen. An dieser Stelle werden auch gleichermaßen die Bruner'schen Repräsentationsebenen (enaktiv bzw. handelnd, ikonisch bzw. visuell und symbolisch) mit einbezogen. Aus Ergebnissen der Wissenschaft ist bekannt: Je mehr Eingangskanäle angesprochen werden, umso besser und langfristiger wird Wissen gespeichert und damit umso fester verankert.

Viel Freude und Erfolg mit dem vorliegenden Heft wünschen Ihnen
die Herausgeber

Marco Bettner *Dr. Erik Dinges*

---

* Aufgrund der besseren Lesbarkeit ist in diesem Buch mit Schüler auch immer Schülerin gemeint, ebenso verhält es sich mit Lehrer und Lehrerin etc.

Materialaufstellung und Hinweise

In diesem Heft werden Symbole für **Einzelarbeit** (☺), **Partnerarbeit** (☺☺), **Gruppenarbeit** (☺☺☺) und **Arbeit mit der gesamten Klasse** (☺☺☺☺) verwendet, die sich in der jeweiligen Kopfzeile der Arbeitsblätter befinden.

Grundrisse und Pläne

Die Seiten 11 bis 23 in entsprechender Anzahl kopieren und für die Schüler bereitlegen. Als Möglichkeit zur Selbstkontrolle können Lösungsseiten erstellt werden.

Station 1	**Fantasiegeschichte** Buntstifte bereitlegen	**ab Kl. 2**
Station 2	**Die Welt von oben** ggf. Internetzugang zur Verfügung stellen	**ab Kl. 2**
Station 3	**Draufsicht**	**ab Kl. 2**
Station 4	**Ein Grundriss** Kleber, Schere	**ab Kl. 1**
Station 5	**Mein Zimmer**	**ab Kl. 2**
Station 6	**Die Schule**	**ab Kl. 2**
Station 7	**Koordinatensystem (1) + (2)**	**ab Kl. 2**
Station 8	**Ortsplan**	**ab Kl. 2**
Station 9	**Finde den Weg**	**ab Kl. 3**
Station 10	**Schatzsuche**	**ab Kl. 3**
Station 11	**Stadtplan-Memory® (1) + (2)** Schere, Kleber, Stadtpläne	**ab Kl. 3**

Ort / Stadt / Gemeinde

Die Seiten 24 bis 32 in entsprechender Anzahl kopieren und für die Schüler bereitlegen. Als Möglichkeit zur Selbstkontrolle können Lösungsseiten erstellt werden.

Station 1	**Was ist was?**	**ab Kl. 3**
Station 2	**Organisation eines Ortes**	**ab Kl. 3**
Station 3	**Wo bin ich?**	**ab Kl. 1**
Station 4	**Geschäfte in der Stadt**	**ab Kl. 2**
Station 5	**Wichtige Orte**	**ab Kl. 2**
Station 6	**Freizeit**	**ab Kl. 2**
Station 7	**Verkehrsmittel**	**ab Kl. 2**
Station 8	**Autokennzeichen**	**ab Kl. 2**
Station 9	**Vorteile und Nachteile**	**ab Kl. 3**

Meinen Ort erkunden

Die Seiten 33 bis 44 in entsprechender Anzahl kopieren und für die Schüler bereitlegen. Als Möglichkeit zur Selbstkontrolle können Lösungsseiten erstellt werden.

Station 1	**Wohnortssteckbrief**	**ab Kl. 3**
Station 2	**Ich und mein Ort**	**ab Kl. 2**
Station 3	**Fragebogen**	**ab Kl. 2**
Station 4	**Vereine (1) + (2)**	**ab Kl. 2**
Station 5	**Geschäfte**	**ab Kl. 2**
Station 6	**Berufe** Hier muss ein Interview geführt werden.	**ab Kl. 3**
Station 7	**Gebäude**	**ab Kl. 3**
Station 8	**Verkehr**	**ab Kl. 3**
Station 9	**Straßennamen**	**ab Kl. 3**
Station 10	**Stadtrallye (1) + (2)** Die Aufgaben dienen als Beispiel und können ortsspezifisch angepasst und erweitert werden.	**ab Kl. 3**

Mein Bundesland

Die Seiten 45 bis 53 in entsprechender Anzahl kopieren und für die Schüler bereitlegen. Als Möglichkeit zur Selbstkontrolle können Lösungsseiten erstellt werden.

Station 1	**Mein Bundesland** Buntstifte bereitlegen.	**ab Kl. 2**
Station 2	**Steckbrief**	**ab Kl. 3**
Station 3	**Das gefällt mir**	**ab Kl. 2**
Station 4	**Spezialitäten**	**ab Kl. 3**
Station 5	**Dialekt**	**ab Kl. 3**
Station 6	**Nachbarn** Buntstifte bereitlegen.	**ab Kl. 3**
Station 7	**Städte und Flüsse** Schere und Klebstoff bereitlegen.	**ab Kl. 3**
Station 8	**Landeshauptstadt**	**ab Kl. 3**
Station 9	**Landeswappen**	**ab Kl. 2**

Deutschland

Die Seiten 54 bis 69 in entsprechender Anzahl kopieren und für die Schüler bereitlegen. Als Möglichkeit zur Selbstkontrolle können Lösungsseiten erstellt werden.

Station 1	**Nachbarn (1) + (2)**	**ab Kl. 3**
Station 2	**Städte und Flüsse**	**ab Kl. 3**
Station 3	**Städte und Flüsse zuordnen**	**ab Kl. 3**
Station 4	**Bundesländer-Memory (1) + (2) + (3)** Memorykarten auf festes Papier kopieren.	**ab Kl. 3**
Station 5	**Bundesländer-Mix**	**ab Kl. 3**
Station 6	**Hauptstädte-Domino** Dominokarten auf festes Papier kopieren.	**ab Kl. 3**
Station 7	**Hauptstädte zuordnen**	**ab Kl. 3**
Station 8	**Berge**	**ab Kl. 3**
Station 9	**Nationalhymne** Schere und Kleber bereitlegen.	**ab Kl. 3**
Station 10	**Staatswappen und Nationalflagge**	**ab Kl. 3**
Station 11	**Politik**	**ab Kl. 3**
Station 12	**Geschichte**	**ab Kl. 3**
Station 13	**Wahrzeichen** Schere und Kleber bereitlegen.	**ab Kl. 3**

Europa

Die Seiten 70 bis 80 in entsprechender Anzahl kopieren und für die Schüler bereitlegen. Als Möglichkeit zur Selbstkontrolle können Lösungsseiten erstellt werden.

Station 1	**Länder Europas**	**ab Kl. 3**
Station 2	**Guten Morgen, Europa!** Buntstifte bereitlegen.	**ab Kl. 3**
Station 3	**Europäische Union (EU)** Buntstifte bereitlegen.	**ab Kl. 3**
Station 4	**Symbole**	**ab Kl. 3**
Station 5	**Der Euro** Buntstifte bereitlegen.	**ab Kl. 3**
Station 6	**Euromünzen** Euromünzen sollten zur Verfügung stehen.	**ab Kl. 3**
Station 7	**Menschenrechtskonvention**	**ab Kl. 3**
Station 8	**Kinderrechte (1) + (2)**	**ab Kl. 3**
Station 9	**Essen in Europa**	**ab Kl. 3**
Station 10	**Sehenswürdigkeiten in Europa (1) + (2)**	**ab Kl. 3**

Station 1 Fantasiegeschichte ☺

Aufgabe:

Lies die folgende Geschichte genau durch und bearbeite die Aufgaben.

Stell dir vor, du wärst ein Vogel.
Welcher Vogel wärst du gerne?
Male ihn hier auf:

Du hüpfst über eine grüne Wiese. Da bekommst du Lust loszufliegen. Du breitest die Flügel aus und hebst langsam ab. Immer kleiner wird die Wiese unter dir. Du fliegst weiter und schaust dabei nach unten. Was siehst du?

Wie sehen die Dinge von oben aus?

Station 2 Die Welt von oben

Auf deiner Fantasiereise als Vogel hast du die Welt von oben gesehen. Du hast gesehen, dass Häuser, Bäume und alle anderen Dinge von oben ganz anders aussehen.

Aufgabe:

1. Sieh dir das Beispiel unten an. Findest du den Fußballplatz? Woran erkennst du ihn? Wo ist der Wald und wo sind Wohnhäuser? Suche gemeinsam mit einem Partner.

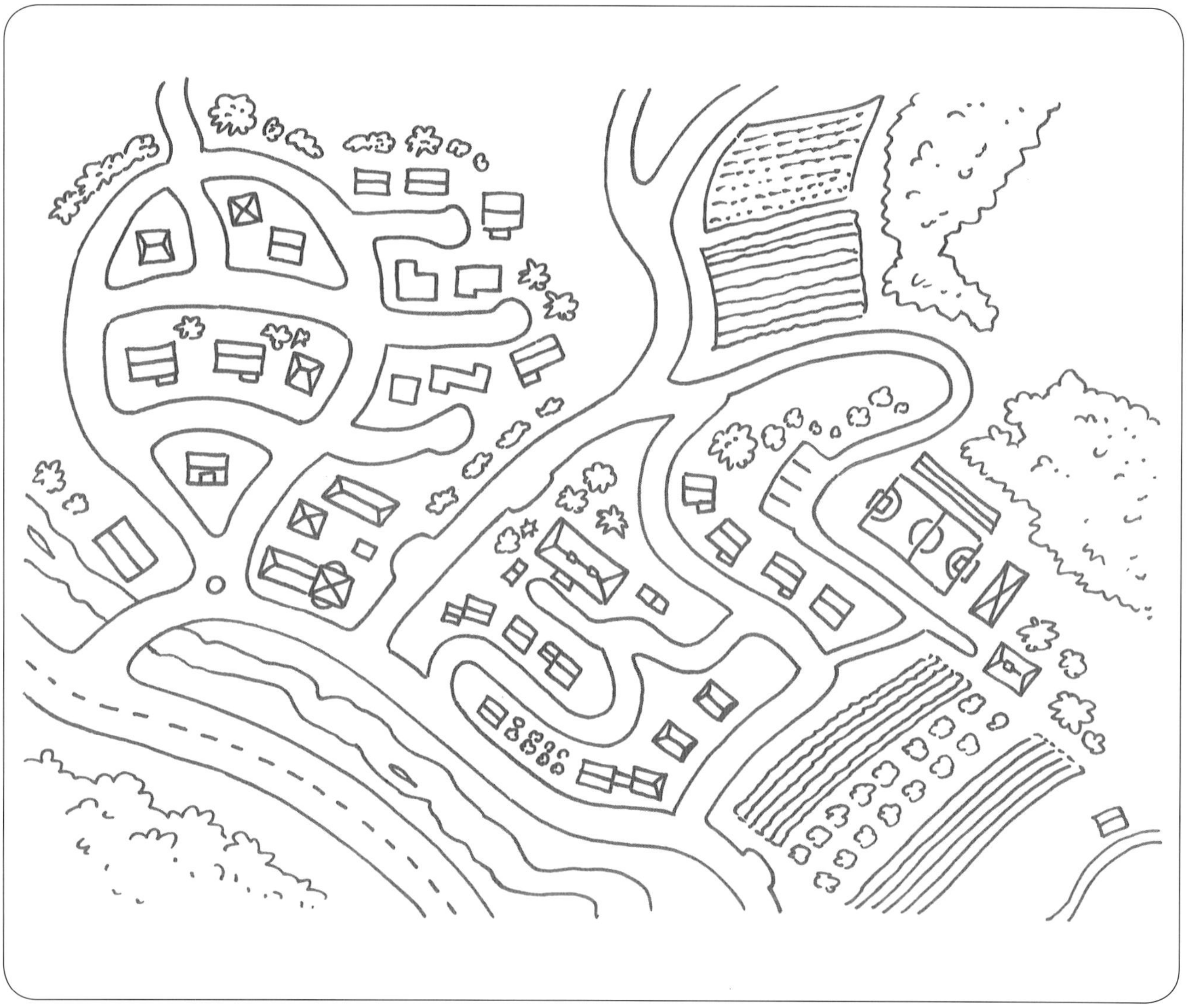

2. Über die Internetsuchmaschine google (www.google.de) oder google earth (earth.google.de) kannst du deinen eigenen Wohnort von oben sehen. Suche deinen Wohnort und dein Wohnhaus.

Station 3 Draufsicht

Aufgabe:

1. Setze die richtigen Wörter in die Lücken ein.

Als Vogel sieht man die Welt aus der ______________________________.

Das bedeutet, dass man alles von ____________________ sieht.

Diese Ansicht ist auch sehr praktisch, um Pläne eines Raumes zu zeichnen.

Wenn man von oben auf etwas draufschaut, versperren einem nicht andere Möbel,

Schränke und Ähnliches die ____________________. Man nennt diese Ansicht auf

Plänen daher auch ____________________________.

oben	**Sicht**	**Vogelperspektive**	**Draufsicht**

2. Male die folgenden Gegenstände aus der Draufsicht, also von oben.

ein Tisch	ein Stuhl

Station 4 Ein Grundriss

Aufgabe:

1. Sieh dir den Grundriss dieser Ferienwohnung an. Schneide die Wörter unten aus und klebe sie an die richtige Stelle im Grundriss.

2. Wie viele Zimmer hat die Ferienwohnung? Woran erkennst du das?

____

Sofa	Schrank	Waschbecken	TV	Stuhl	Bett	Tür	Tür	Tür	WC

Stuhl	Tisch	Dusche	Tisch

Station 5 Mein Zimmer ☺

Aufgabe:

1. Zeichne einen Grundriss von deinem Zimmer aus dem Gedächtnis.
   Tipp: Zeichne zuerst die Grundfläche ▭ oder □.
   Zeichne dann Türen und Fenster ein. Die Zeichen unten können dir dabei helfen. Am Schluss kannst du die Möbel einzeichnen.
   Zeichne für jeden Meter (= 1 großer Schritt) ungefähr 4 Kästchen in dein Heft.

2. Überprüfe zu Hause, ob du den Grundriss richtig gezeichnet hast.

Zeichen für Grundrisse

Station 6 Die Schule

Aufgabe:

Zeichne einen Grundriss des Klassenzimmers.

Station 7 Koordinatensystem (1)

☺

Für das Lesen von Plänen musst du wissen, wie ein Koordinatensystem funktioniert.

Der Plan wird in Planquadrate eingeteilt:

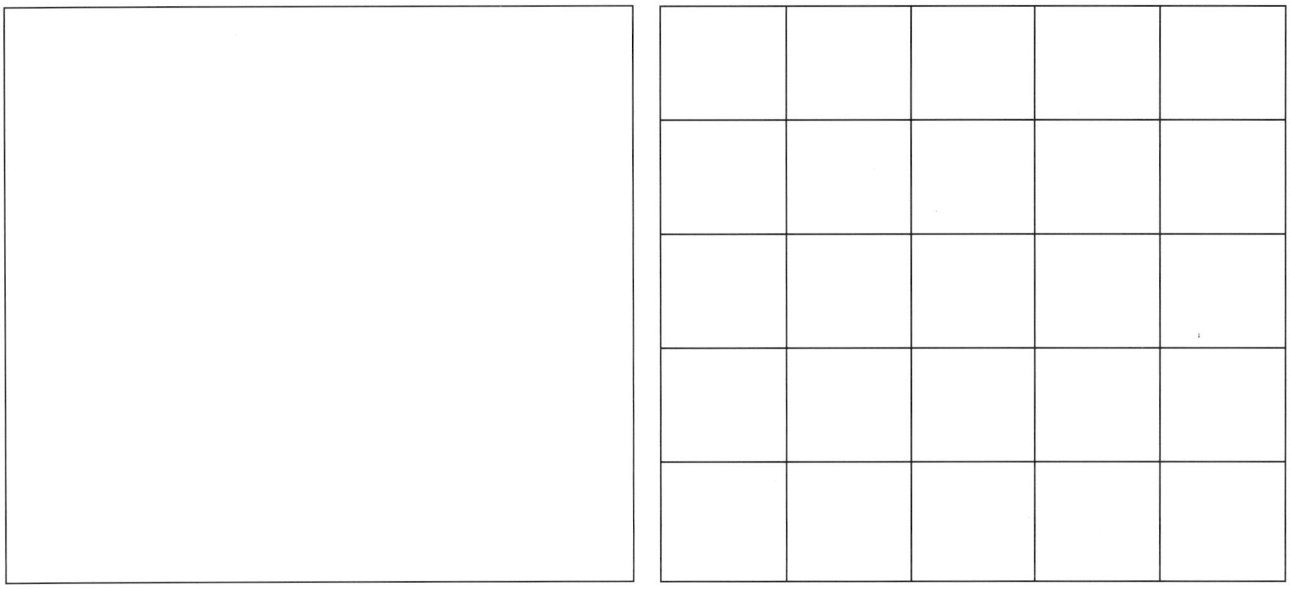

Jedes Planquadrat bekommt nun einen Namen, die sogenannte **Koordinate:**

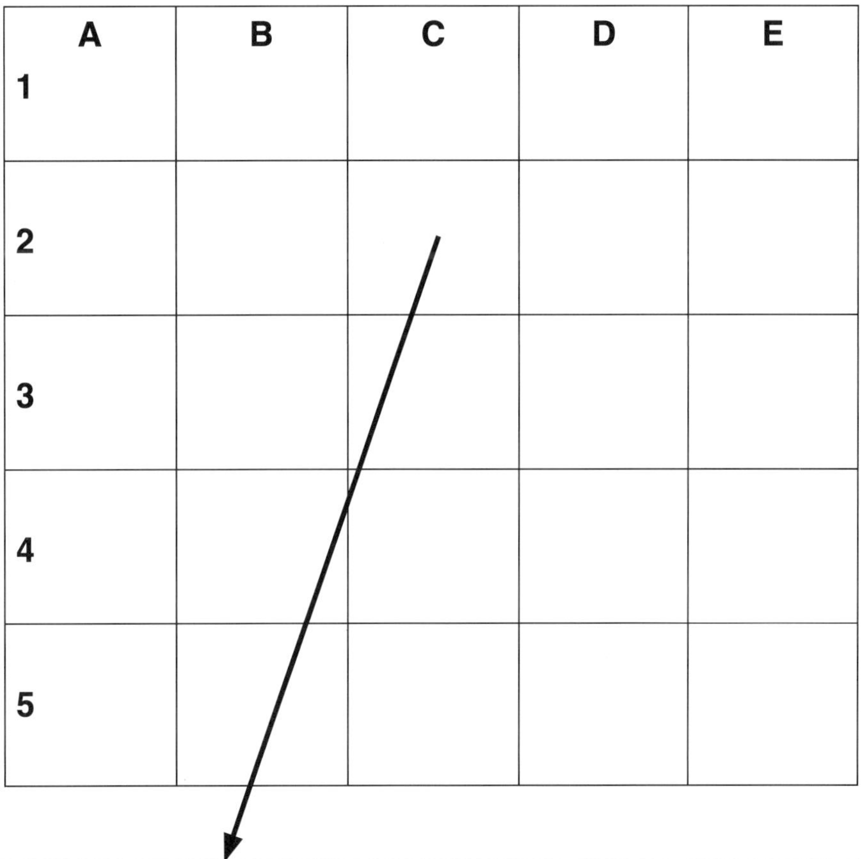

Dieses Planquadrat heißt zum Beispiel C 2, weil es sich in Spalte C in der Reihe 2 befindet.

Station 7 Koordinatensystem (2)

Aufgabe:

Klebe in den Plan eines Sees die Tiere in folgende Koordinaten ein:

	A	B	C	D	E	F	G
1							
2							
3							
4							
5							
6							
7							

 **B 3**

 **C 6**

 **C 4, D 4**

 **F 2**

 **E 7**

Station 8 Ortsplan

Ortspläne sind ebenfalls in der Vogelperspektive gezeichnet. Wie du am Beispiel unten siehst, sind hier hauptsächlich Straßen und wichtige Gebäude verzeichnet. Am oberen und linken Rand siehst du die Zahlen und Buchstaben des Koordinatensystems. Um einen Standort auf dem Plan zu bestimmen, musst du seine Koordinaten kennen.

Aufgabe:

Sieh dir das Beispiel genau an. Schreibe die folgenden Koordinaten auf von:

Schule ________________, **Campingplatz** ________________ und **Postamt** ________________

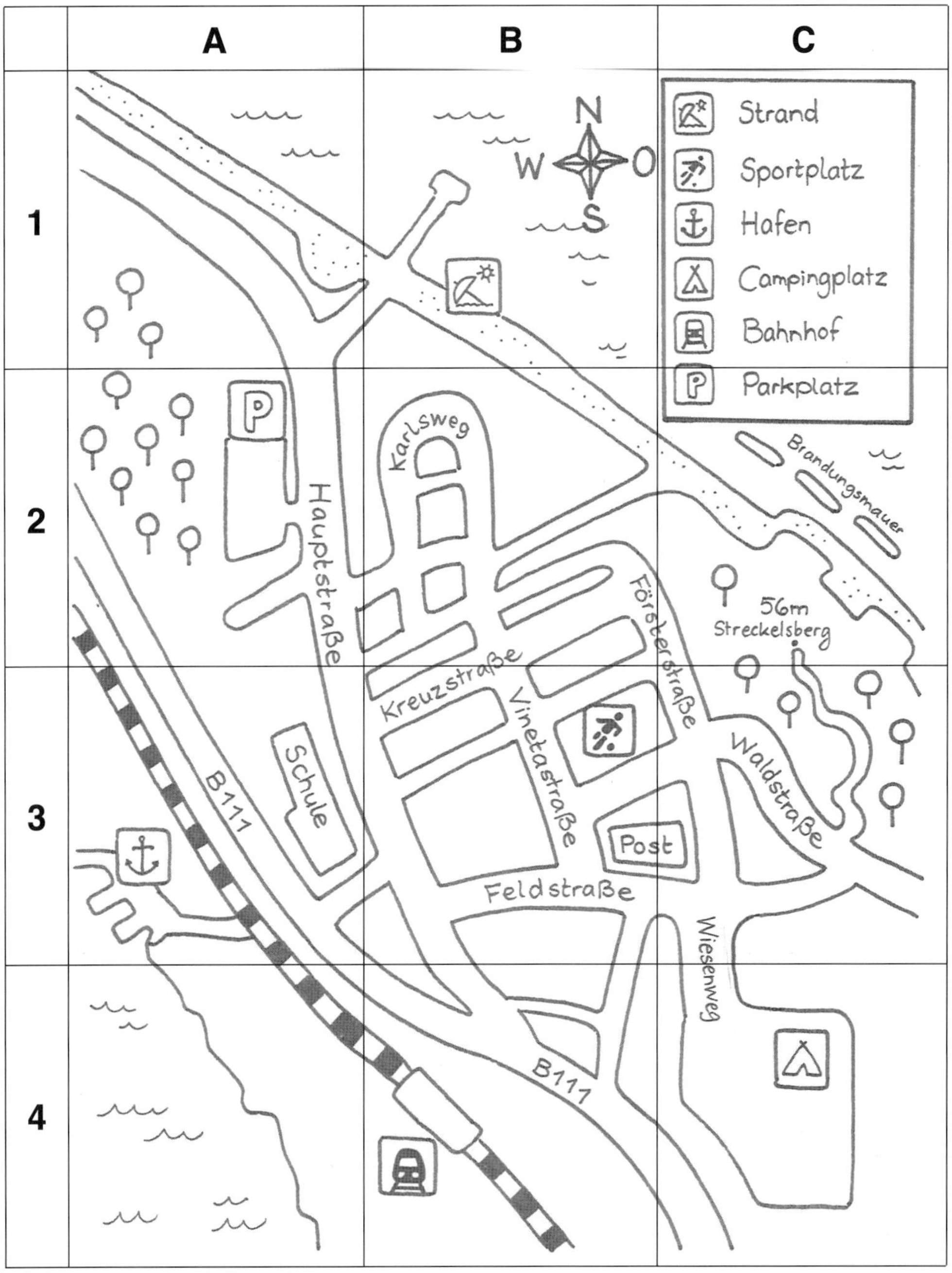

Station 9 Finde den Weg

Aufgabe:

Luis feiert Geburtstag. Aber wo? Folge seiner Wegbeschreibung und sammle auf dem Weg noch zwei Freunde ein.

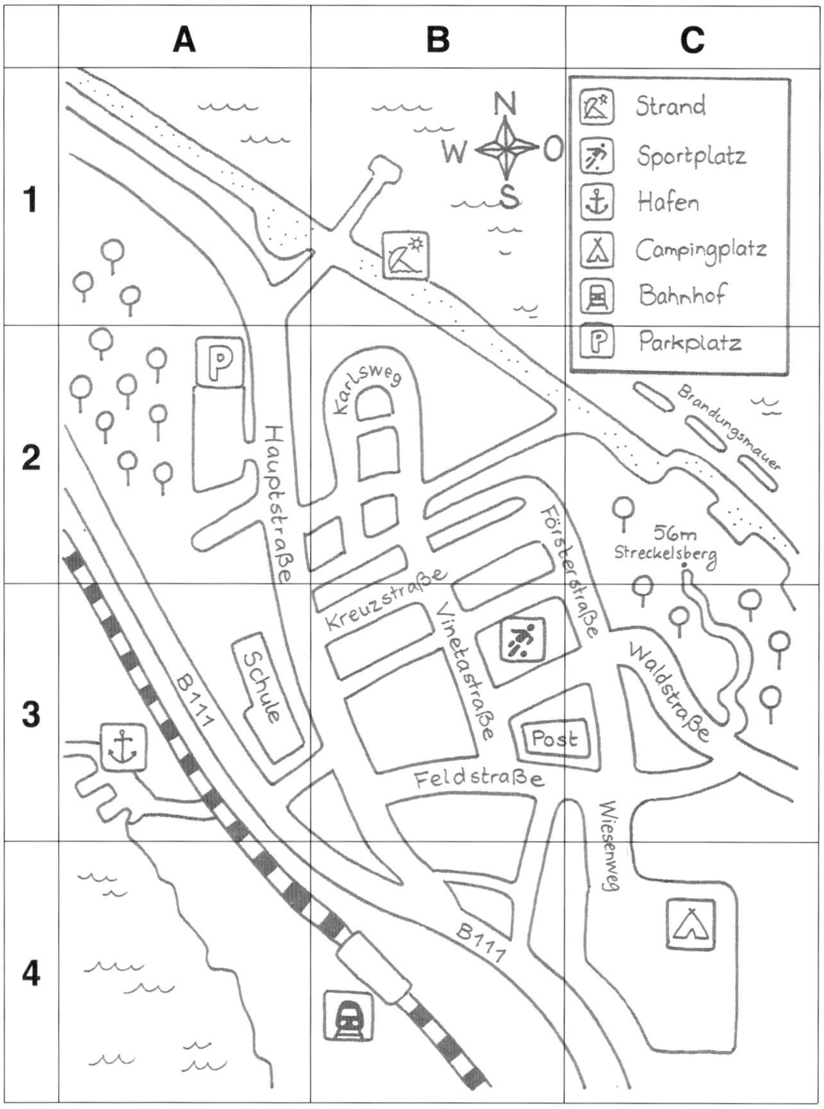

„Du startest im Planquadrat A2 am Parkplatz. Du biegst die nächste Straße rechts ab in die Hauptstraße. Nun biegst du die dritte Straße links ab. An Hausnummer 5 der Kreuzstraße klingelst du und holst Jule ab, die hier wohnt. Nun geht ihr beide die Straße weiter, geht einen Bogen nach rechts auf die Försterstraße und biegt dann nach links auf die Waldstraße ab. Dort wohnt Lilli, die holt ihr auch noch ab. Geht gemeinsam bis zur ersten Kreuzung und biegt dort nach rechts auf die Feldstraße und danach gleich wieder nach links auf den Wiesenweg ab. Lauft ein kleines Stückchen geradeaus. Am Ende der Straße könnt ihr das Ziel schon sehen."

Wo feiert Luis? ______________________________

Welche Adresse hat Jule? ______________________________

Station 10 Schatzsuche ☺/☺☺

Aufgabe:

Versteckt im Klassenraum einen „Schatz“. Zeichne eine Schatzkarte. Tausche deine Karte mit einem Partner. Findet ihr den Schatz?

Station 11 Stadtplan-Memory® (1) ☺/☺☺

Aufgabe:

Erstelle ein Stadtplan-Memory. Du benötigst dazu einen Stadtplan deiner Stadt und die leeren Memorykarten. Schneide die Memorykarten aus. Schreibe auf eine Karte die Koordinate und auf die dazugehörige Karte, was man dort findet. Spiele das Spiel mit deinem Partner.

Station 11 Stadtplan-Memory® (2)

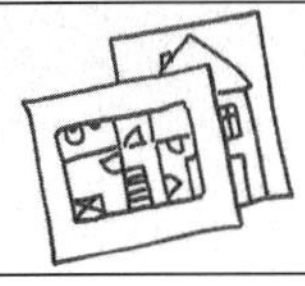

Station 1 Was ist was?

Aufgabe:

Lies den Text genau und erkläre dann Gemeinsamkeiten und Unterschiede von Ort, Stadt, Dorf und Gemeinde.

Du wohnst in einem Ort, vielleicht sogar auch in einer Stadt oder in einer Gemeinde, einem Stadtteil oder einem Ortsteil. Auf jeden Fall gibt es für deinen Ort einen Bürgermeister, der von allen Einwohnern der Gemeinde / Stadt, die älter als 18 Jahre sind, in sein Amt gewählt wurde. Dieses Amt erfüllt er dann für 6 Jahre, so lange dauert meistens seine Amtszeit.

Doch was ist jetzt der Unterschied zwischen Ort, Stadt, Dorf und Gemeinde?

Ort bedeutet eine geografische Siedlung, die eine begrenzte Fläche hat. Es kann sich dabei also um ein kleines Dorf, eine Kleinstadt oder auch eine Großstadt handeln. Wenn also die Rede von einem Ort ist, so weißt du nun, dass es hier in unserem Fall um ein Dorf oder um eine Stadt geht.

Ein Ort kann als **Stadt** bezeichnet werden, wenn er mehr als 2000 Einwohner hat. Dadurch erhält er Stadtrecht. Hier in Deutschland gibt es mehrere Großstädte. Berlin ist mit etwa 3,5 Millionen Einwohnern die größte deutsche Stadt. Hamburg mit 1,8 Millionen, München mit 1,4 Millionen und Köln mit 1 Millionen Einwohnern folgen mit etwas Abstand in der Liste der größten Städte Deutschlands.

Ein **Dorf** ist eine Siedlung mit mehreren Häusern, das sich meist im ländlichen Raum befindet. Es gibt dort viele Bauernhöfe und Menschen, die von der Landwirtschaft leben. Hier in Deutschland gibt es aber noch viele weitere Bezeichnungen für ein Dorf. Da gibt es zum Beispiel das Haufendorf, das Straßendorf oder auch die Streusiedlung. Wie diese Dörfer aussehen, sagt dir schon ihre Bezeichnung. Dann gibt es auch noch Aussiedlerhöfe, die oft außerhalb von Dörfern zu finden sind.

Eine **Gemeinde** ist eine Gemeinschaft von einem oder mehreren Ortschaften. Die Mitglieder dieser Gemeinde sind die Einwohner der Dörfer, die zu ihr gehören.

Station 2 Organisation eines Ortes ☺

Aufgabe:

Ordne die Begriffe den Erklärungen zu.

Standesbeamter	**Oberbürgermeister**	**Magistrat oder Gemeindevorstand**
Bürgermeister	**Kindergarten**	**Rathaus**

Wenn eine Stadt mehr als 50.000 Einwohner hat, so nennt man ihn nicht mehr Bürgermeister, sondern so, wie es hier noch zu finden ist.

Hier können Menschen ihre Ehe eingehen. Sie werden von ihm getraut und er sorgt dafür, dass zwei Menschen als Freunde ins Rathaus oder das Trauzimmer gehen und es als „Verheiratete“, nämlich als Ehemann und Ehefrau, verlassen.

Hier arbeiten viele Menschen. Sie kümmern sich um Angelegenheiten, die die Stadt und die Gemeinde betreffen. Der Chef dieses großen Gebäudes ist der Bürgermeister. Er wird von vielen Mitarbeitern unterstützt und ist für das Funktionieren der Stadt verantwortlich.

Er wurde von den über 18 Jahre alten Einwohnern für 6 Jahre in sein Amt gewählt. Er vertritt seine Stadt bzw. sein Dorf nach außen. Daher hat er viel Verantwortung zu tragen. Was er macht, ist kein Beruf, den man erlernen kann, sondern ein politisches Amt.

Dies ist die Vertretung der gesamten Gemeinde. Der Bürgermeister steht für die Interessen der Stadt ein und hat beispielsweise in Hessen nicht so großen Einfluss auf Entscheidungen wie in anderen Bundesländern. Hier muss er sich dem Gemeindevorstand unterordnen, der die Gesetzte und Entscheidungen trifft. In großen Städten nennt man den Gemeindevorstand Magistrat.

Diese Einrichtung wird von der Stadt/der Gemeinde für die Kinder der Einwohner zur Verfügung gestellt. Die Eltern zahlen meistens zwar Geld dafür, aber einen Teil des Geldes für das Gebäude und die Erzieher wird von der Stadt übernommen.

Station 3 Wo bin ich?

Stadt

Aufgabe:

Sieh dir die Bilder genau an. In welchem Geschäft befindest du dich? Schreibe es unter die Bilder.

Station 4 Geschäfte in der Stadt ☺

Aufgabe:

Lies dir die Sätze sorgfältig durch. In welches Geschäft in der Stadt musst du gehen?

Hier gibt es Brot, Brötchen und Kuchen.

____

Hier kaufe ich Bücher.

____

Hier kaufe ich Lebensmittel wie Milch und Käse sowie ganz viele andere Sachen.

____

Hier kann ich Torten und Kuchen essen und kaufen.

____

Hier bekomme ich Geld oder zahle es ein.

____

Hier gibt es Medikamente.

____

Hier kaufe ich Fleisch, Würstchen oder Wurst.

____

Hier kaufe ich Briefmarken oder versende Briefe und Pakete.

____

Station 5 Wichtige Orte

Aufgabe:

Lies dir die Kästen durch. Verbinde sie mit dem passenden Bild.

Julias Schwester heiratet heute standesamtlich. Julia freut sich schon sehr darauf.

Marlon hat sich den Fuß verknackst. Er hat große Schmerzen.

Lena geht mit ihrer Familie am Sonntag dorthin. Hier treffen sich viele Christen.

Anton hat Zahnweh. Seine Backe tut schon richtig weh.

Johanna möchte mit dem Zug ihre Tante besuchen fahren.

Lotta muss jeden Tag mit dem Bus zur Schule fahren.

Hier gibt es viele Bäume und Wiesen. Oskar geht hier gerne spazieren.

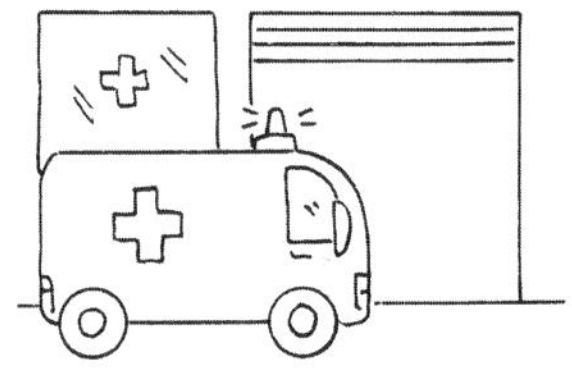

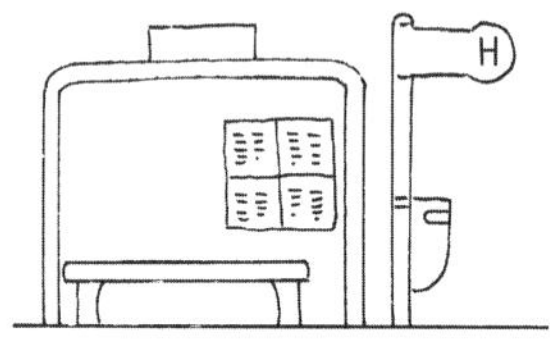

Station 6 Freizeit

Stadt

Aufgabe:

Löse das Kreuzworträtsel.

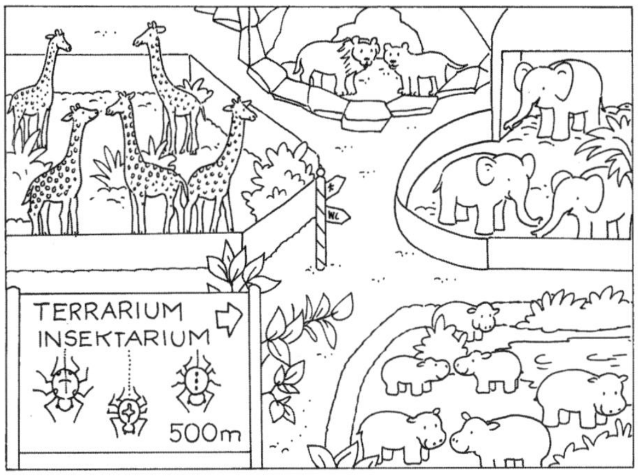

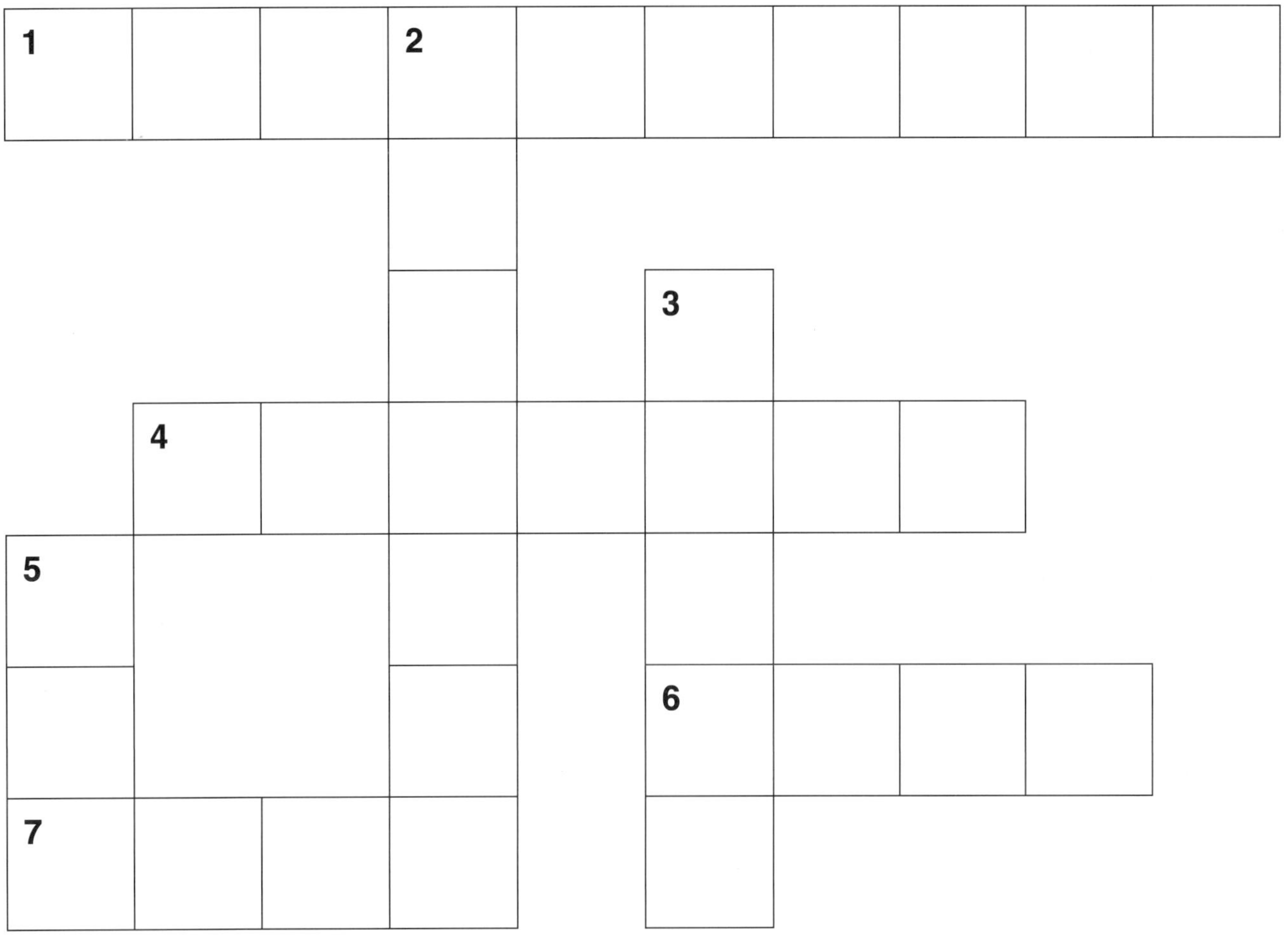

Waagrecht

1 Hier kann man etwas essen gehen.

4 Hier kann man ein Fußballspiel live sehen.

6 Hier gibt es tolle Filme und Popcorn.

7 Musikstücke von Mozart, Wagner und anderen werden hier aufgeführt und gesungen.

Senkrecht

2 Schauspieler führen hier ein Stück live auf.

3 Hier kann man zu toller Musik tanzen und Freunde treffen.

5 Hier kannst du ganz viele Tiere sehen.

Station 7 Verkehrsmittel

Aufgabe:

Um welche Verkehrsmittel handelt es sich?
Kreuze an, ob es sie überwiegend in einer Stadt oder in kleineren Dörfern gibt.

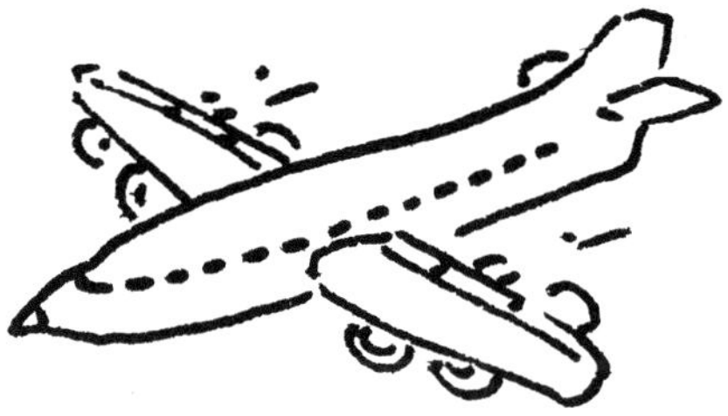

Ich habe zwei Räder und keinen Motor. Wenn du mit mir fahren willst, musst du ordentlich in die Pedale treten.	Was ist das? ____________	○ Dorf ○ Stadt ○ beide
Ich bin ein besonderes Auto. Allerdings fährt mein Fahrer fremde Menschen für Geld in der Stadt herum.	Was ist das? ____________	○ Dorf ○ Stadt ○ beide
Ich kann fliegen. Ich kann viele Menschen auf einmal transportieren und von einem Land in das andere fliegen. Ich gelte als sehr sicher.	Was ist das? ____________	○ Dorf ○ Stadt ○ beide
Ich habe einen Motor und außerdem zwei Räder. Ich kann sehr schnell fahren, deshalb braucht mein Fahrer gute Schutzkleidung und einen Helm.	Was ist das? ____________	○ Dorf ○ Stadt ○ beide

Station 8 Autokennzeichen ☺

Aufgabe:

Welche großen Städte haben sich hinter den Kennzeichen versteckt? Male in derselben Farbe an.

D HH – A 123

D OL – A 123

D F – A 123

D B – A 123

D E – A 123

D EF – A 123

D GTH – C 123

D FÜ – A 123

D GÖ – B 123

Hamburg	Göttingen	Oldenburg
Frankfurt	Erfurt	Berlin
Essen	Fürth	Gotha

* Weißt du, was die linke Seite auf dem Autokennzeichen bedeutet? Erkläre.

Station 9 Vorteile und Nachteile

Aufgabe:

Überlege gemeinsam mit einem Partner, welche Vor- und Nachteile Stadt- und Landleben haben. Tragt eure Ergebnisse in die Tabelle ein.

	Vorteile	**Nachteile**
Stadtleben		
Landleben		

Aufgabe:

Finde Wichtiges über deinen Wohnort heraus. Frage ältere Menschen in deiner Nachbarschaft oder deine Großeltern und Eltern.

Mein Wohnortssteckbrief

Hier wohne ich: ______________________________

Das ist ein Dorf/eine Stadt und sie liegt in folgendem Bundesland:

____

Mein Heimatort ist ◯ ein Dorf ◯ eine Stadt ◯ ein Stadtteil.

Hier haben wir etwa ____________________ Einwohner.

Hier gibt es __________ Geschäfte, davon sind __________ Bäckereien,

__________ Fleischereien, __________ Supermärkte, __________ weitere

Geschäfte, nämlich folgende: ______________________________

Meinen Ort gibt es schon seit: ______________________________

Das habe ich noch herausgefunden: ______________________________

____

____

____

____

____

Station 2 Ich und mein Ort

Aufgabe:

Beantworte die folgenden Fragen.

Mein Wohnort heißt:

Ich wohne in dieser Straße:

Meine Hausnummer ist:

An diesem Platz bin ich besonders gerne:

Das gefällt mir an diesem Platz so gut:

An diesem Platz bin ich nicht gerne/habe ich Angst:

Warum ist das so?

Was ich über meinen Wohnort wissen möchte:

Station 3 Fragebogen ☺

Aufgabe:

Fülle den Fragebogen aus.

	☺	😐	☹
Ich weiß, wie meine Schule heißt: ______________________			
So heißt die Straße, in der die Schule ist: ______________________			
Ich kenne den Stadtplan unserer Stadt.			
In meinem Wohnort gibt es mehr als einen tollen Spielplatz.			
In meinem Wohnort gibt es mehr als fünf Geschäfte.			
Wie gut findest du dich in deinem Wohnort zurecht?			
Musst du oft mit dem Bus oder der Bahn fahren? Kannst du das gut?			
Kannst du alleine zur Schule gehen?			
Gibt es viele gefährliche Straßen in deinem Wohnort?			
Spielst du oft draußen?			

Station 4 Vereine (1)

☺/☺☺

Aufgabe:

1. Welche Vereine gibt es in deinem Wohnort?
   Finde es mit einem Partner heraus und schreibe hier auf:

2. Bist du selbst in einem Verein? Wenn ja, in welchem?

3. Welchem Verein würdest du gerne beitreten? Warum?

Station 4 Vereine (2)

Aufgabe:

Beschreibe einen Verein genauer. Befrage ein Vereinsmitglied oder sprich mit dem Vorsitzenden des Vereins. Die Kästchen können dir helfen, Fragen zu finden.

Wer darf mitmachen?	Angebot / Sportart?
Was tut man in diesem Verein?	Mitgliedsbeitrag / Kosten?

Beschreibung des Vereins:

Male oder klebe hier ein passendes Bild auf:

Station 5 Geschäfte

Aufgabe:

Suche aus Zeitungsanzeigen und Werbeprospekten Anzeigen und Namen von Geschäften in deinem Wohnort heraus. Schneide aus und klebe hier auf:

Station 6 Berufe

Aufgabe:

Welche Berufe werden in deinem Wohnort ausgeübt?

Suche dir einen Beruf aus und interviewe mit einem Partner jemanden, der diesen Beruf ausübt. Denkt euch vorher Fragen dazu aus und schreibt sie hier auf.

Tipp: Lasst gleich Platz für die Antworten. Einigt euch darauf, wer die Fragen stellt und wer die Antworten aufschreibt.

Station 7 **Gebäude** ☺/☺☺☺☺

Aufgabe:

Suche dir ein öffentliches Gebäude in deinem Wohnort aus. Beschreibe es möglichst genau. Die Stichpunkte unten können dir dabei helfen.

Lies deinen Mitschülern deine Beschreibung vor. Können sie erraten, um welches Gebäude es sich handelt?

Größe des Gebäudes
(Stockwerke)

Anzahl Stufen
(natürlich nur von außen)

Farbe des Gebäudes

Anzahl der Fenster

Bauweise des Gebäudes
(modern, altmodisch, verschnörkelt,...)

Zweck
(was tun die Menschen, die in dem Gebäude sind)

Lage des Gebäudes
(Stadtmitte, Stadtrand,...)

Besonderheiten

Station 8 Verkehr

☺/☺☺☺

Aufgabe:

Gibt es in deinem Wohnort viel Straßenverkehr? Fahren hauptsächlich Menschen aus dem Umkreis durch deinen Wohnort oder auch viele von entfernten Orten? Findet es folgendermaßen heraus:

Beobachtet den Straßenverkehr an einem Vormittag. Bildet Gruppen, die verschiedene Beobachtungsaufgaben haben:

Wie viele Autos fahren durch den Ort?

Wie viele Autos haben euer Nummernschild?

Wie viele Autos haben fremde Nummerschilder?

Wie viele Lkw fahren durch den Ort?

Denkt euch weitere Beobachtungsaufgaben aus.

Station 9 Straßennamen

Aufgabe:

1. Schreibe dir auf dem Schulweg mindestens 10 Straßennamen auf.

2. Ordne die Straßennamen nach dem Alphabet.

3. Gibt es in deinem Wohnort besondere Straßennamen, die nach Menschen oder Tieren benannt sind? Zähle auf:

Station 10 Stadtrallye (1)

Aufgabe:

Bildet Kleingruppen. Welche Gruppe erledigt die Aufgaben der Stadtrallye zuerst?

1. Schreibt den Straßennamen der Schule auf.
2. Wo ist der Kindergarten in eurem Wohnort?
   Beschreibt den Weg von der Schule aus.
3. Wie viele Fenster hat der Kindergarten?
4. Welche Farbe haben die Fenster?
5. Geht von der Schule aus die nächste Straße nach rechts.
   Wie heißt diese Straße?
6. Sucht einen Arzt in eurem Wohnort. Wie heißt der Arzt?
   Schreibt das Praxisschild ab.
7. Geht zur Kirche. Wie viele große Schritte benötigt ihr,
   um die Kirche einmal zu umrunden?
8. Wie viele Fenster hat die Kirche?
9. Wie viele Stufen hat die Kirche außen?
10. Geht zum Bäcker. Wie heißt der Bäckermeister?
11. Schreibt die Öffnungszeiten der Bäckerei ab.
12. Hat der Bäcker draußen ein Angebotsschild stehen?
    Was steht darauf?
13. Geht zu einem Spielplatz. Wie viele Spielgeräte gibt es dort?
    Malt ein Spielgerät genau ab.
14. Wo gibt es eine öffentliche Uhr in eurem Wohnort?
    Wie viel Uhr zeigt sie gerade an?

Urkunde

Stadtrallye-Champion

____

____

____

Station 1 Mein Bundesland

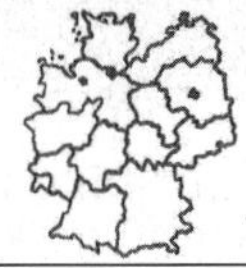

Aufgabe:

1. In welchem Bundesland lebst du? Male dein Bundesland farbig an.

Schleswig-Holstein | **Mecklenburg-Vorpommern**

Hamburg | **Hessen** | **Berlin**

Bremen | **Brandenburg**

Niedersachsen | **Sachsen-Anhalt**

Nordrhein-Westfalen | **Thüringen**

Saarland | **Baden-Württemberg**

Rheinland-Pfalz | **Bayern** | **Sachsen**

2. Schreibe den Namen deines Bundeslandes hier auf:

Name des Bundeslandes:

Station 2 Steckbrief

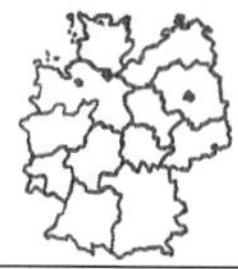

Aufgabe:

Schreibe alle Informationen zu deinem Bundesland auf. Die Stichwörter können dir helfen.

Landschaft **Sehenswürdigkeiten** **Einwohner**
Besonderheiten **Nachbar-Bundesländer**
Lage in Deutschland **Flüsse/Berge oder Meer**

Steckbrief zu meinem Bundesland

Station 3 Das gefällt mir

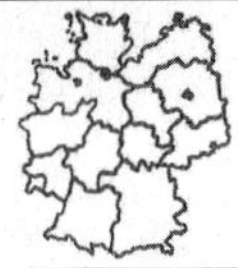

Aufgabe:

Schreibe oder male hier auf, was dir an deinem Bundesland am besten gefällt.

Station 4 Spezialitäten

Aufgabe:

1. Ordne die Besonderheiten dem jeweiligen Bundesland zu. Verbinde.

Baden-Württemberg

Berlin

Bayern

2. Was gibt es in deinem Bundesland Besonderes? Schreibe oder male.

Station 5 Dialekt

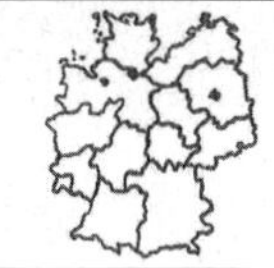

Bei vielen Menschen erkennt man an der Sprache, aus welchem Teil Deutschlands sie kommen. Gibt es auch in deinem Bundesland einen besonderen Dialekt?

Aufgabe:

1. Versuche die Sätze in den verschiedenen Dialekten zu lesen. Verstehst du den Inhalt?

Geschdern habbe die kloane Kinner bei uns im Gadde Oschdreier gesucht.

Hessisch

Abril, Abril...warum wär Freinde, Kollechen un Familie een Sdreech sbielen...

Sächsisch

Koi Frühling i Sischt, hajo, so isch des! Gibd's Schnee bis Pfingschten?

Schwäbisch

De gloan Kinda hobn si sehr iba de Gschenke gefreit.

Bayrisch

2. Gibt es in deinem Bundesland einen Dialekt? Schreibe den folgenden Satz so auf, wie er bei euch gesprochen wird:

Die kleinen Kinder gehen gerne spielen.

Station 6 Nachbarn

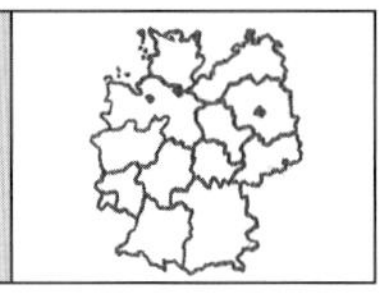

Aufgabe:

Male dein Bundesland auf der Deutschlandkarte rot an. Male alle benachbarten Bundesländer grün an und beschrifte sie. Fülle dann die Tabelle aus.

Name meines Bundeslandes	
Lage meines Bundeslandes (Mitte, Süden, Osten, Westen, Norden)	
Anzahl der Nachbar-Bundesländer	
Welche Nachbar-Bundesländer sind es?	

Station 7 Städte und Flüsse

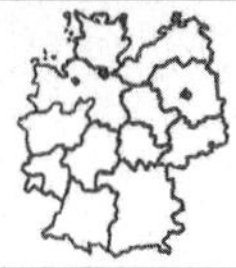

Aufgabe:

Welche großen Städte gibt es in deinem Bundesland? Und welche Flüsse fließen hindurch? Suche im Atlas, auf der Landkarte oder im Internet nach Informationen dazu und schreibe sie auf. Wenn du Bilder dazu ausdrucken oder ausschneiden kannst, klebe sie hier auf.

Station 8 Landeshauptstadt ☺

Aufgabe:

Jedes Bundesland hat eine Landeshauptstadt. Finde die Landeshauptstadt deines Bundeslandes im Suchsel, male sie farbig an und schreibe sie unten hin.

B	E	R	L	I	N	R	E	V	O	N	N	A	H
R	A	T	R	A	G	T	T	U	T	S	C	B	A
E	R	T	Z	U	I	V	N	E	H	C	N	Ü	M
M	A	G	D	E	B	U	R	G	C	H	G	B	B
E	W	P	O	T	S	D	A	M	C	W	F	G	U
N	S	A	A	R	B	R	Ü	C	K	E	N	M	R
W	I	E	S	B	A	D	E	N	I	R	B	A	G
E	R	F	U	R	T	B	V	F	E	I	R	I	D
D	R	E	S	D	E	N	F	G	L	N	E	N	S
D	Ü	S	S	E	L	D	O	R	F	F	G	Z	B

Achtung: die Wörter können ↓ → und ← stehen.

Meine Landeshauptstadt heißt: ______________________________

Station 9 Landeswappen ☺

Aufgabe:

Suche aus der Übersicht das Landeswappen deines Bundeslandes heraus und male es mit den richtigen Farben an. Versuche, das Wappen groß in dein Heft abzumalen.

Station 1	Nachbarn (1) ☺	

Aufgabe:

Sieh dir die Karte genau an. Welche Nachbarländer grenzen an Deutschland? Trage sie auf dem Arbeitsblatt „Nachbarn (2)“ in die Lücken ein und finde so das Lösungswort.

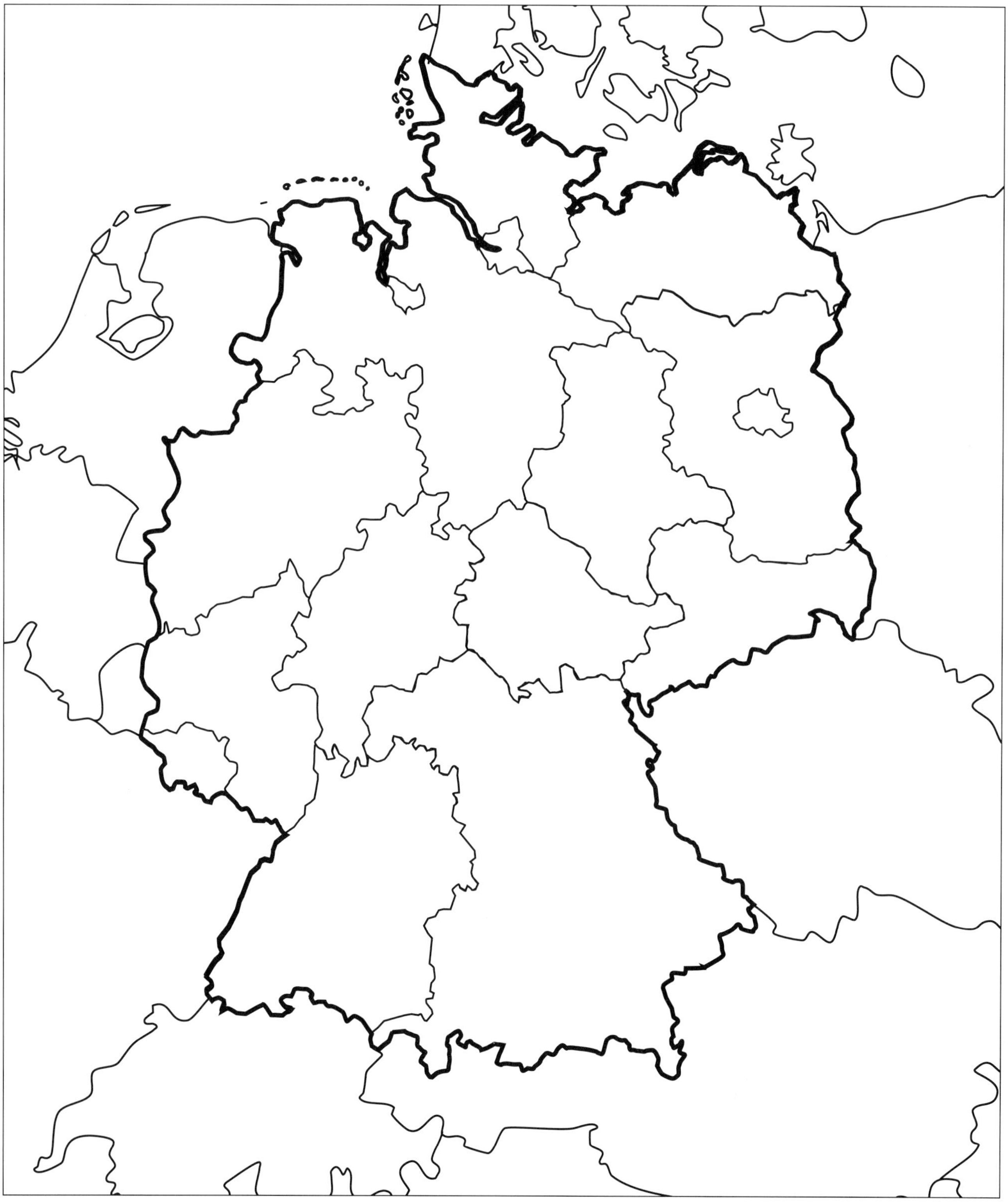

Station 1 Nachbarn (2) ☺

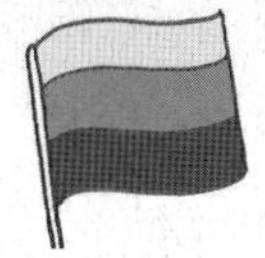

	I	E			3					
1			G							
		H								
	S				R		5			
T									6	
	O	4								
	R					2				
		X								

LÖSUNGSWORT:

1	2	3	4	5	6

Station 2 Städte und Flüsse

Aufgabe:

Lies dir den Text sorgfältig durch.

Deutschland besteht zu einem großen Teil aus Wäldern. Etwa ein Drittel der Fläche ist Wald. Aber auch viele Seen und Flüsse gibt es hier. Deutschland grenzt im Norden an die Nord- und Ostsee. Im Süden grenzt Deutschland an die Alpen. Das ist eine Gebirgskette mit vielen hohen Bergen.
In Deutschland leben insgesamt etwa 80 Millionen Einwohner. Die Städte mit den meisten Einwohnern sind: Berlin (etwa 3,5 Millionen Einwohner), Hamburg, München, Köln, Frankfurt am Main, Stuttgart, Düsseldorf, Dortmund, Essen und Bremen (544.000 Einwohner).
Wie du auf der Landkarte siehst, gibt es viele Flüsse. Sogar der zweitlängste Fluss Europas fließt durch Deutschland: die Donau. Da sie aber nur 647 km auf deutschem Gebiet zurücklegt, ist sie nur auf Platz 4 der längsten Flüsse in Deutschland. Auf Platz 1 ist der Rhein mit 865 km. Dann folgen Weser (744 km), Elbe (727 km), Donau (647 km) und Main (524 km).

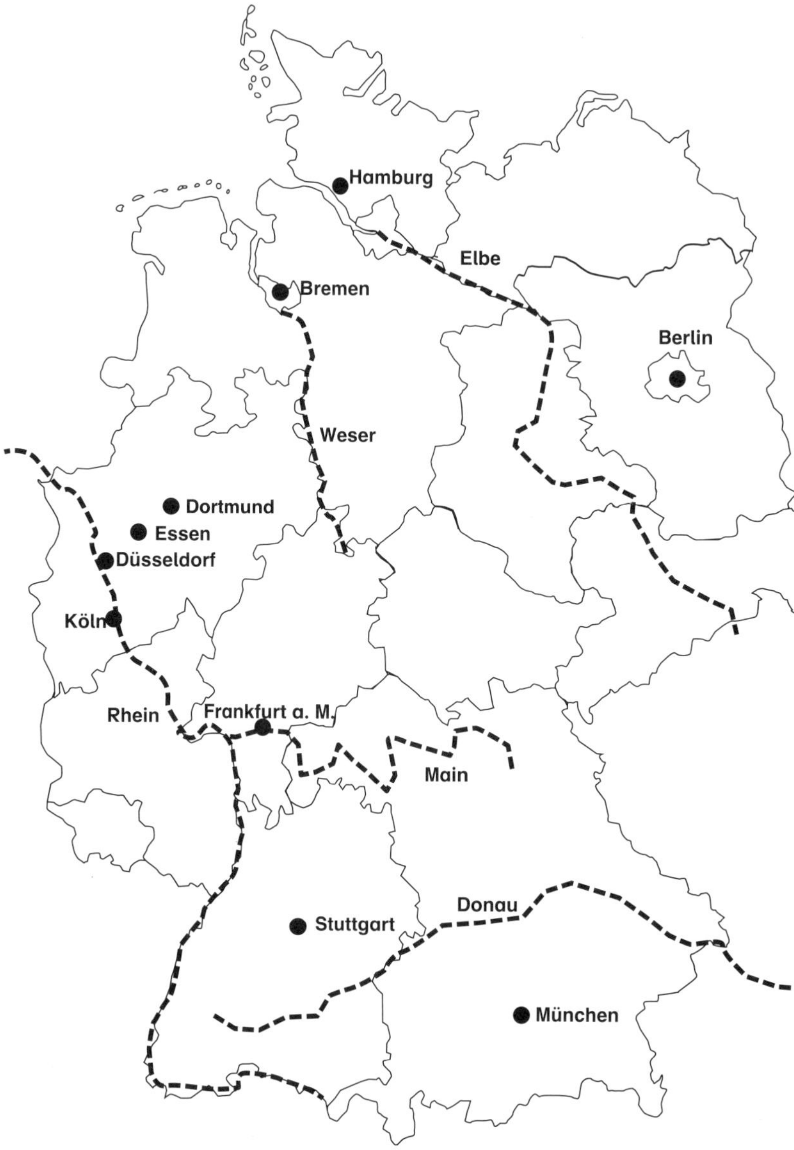

Städte und Flüsse zuordnen

Aufgabe:

Sieh dir die Karte genau an. Es sind einige Städte eingezeichnet, aber auch Flüsse. Weißt du, um welche Städte und Flüsse es sich handelt? Beschrifte die Karte. Trage, wenn möglich, auch deinen Heimatort ein.

Tipp: Nimm die Karte von Station 3 zu Hilfe.

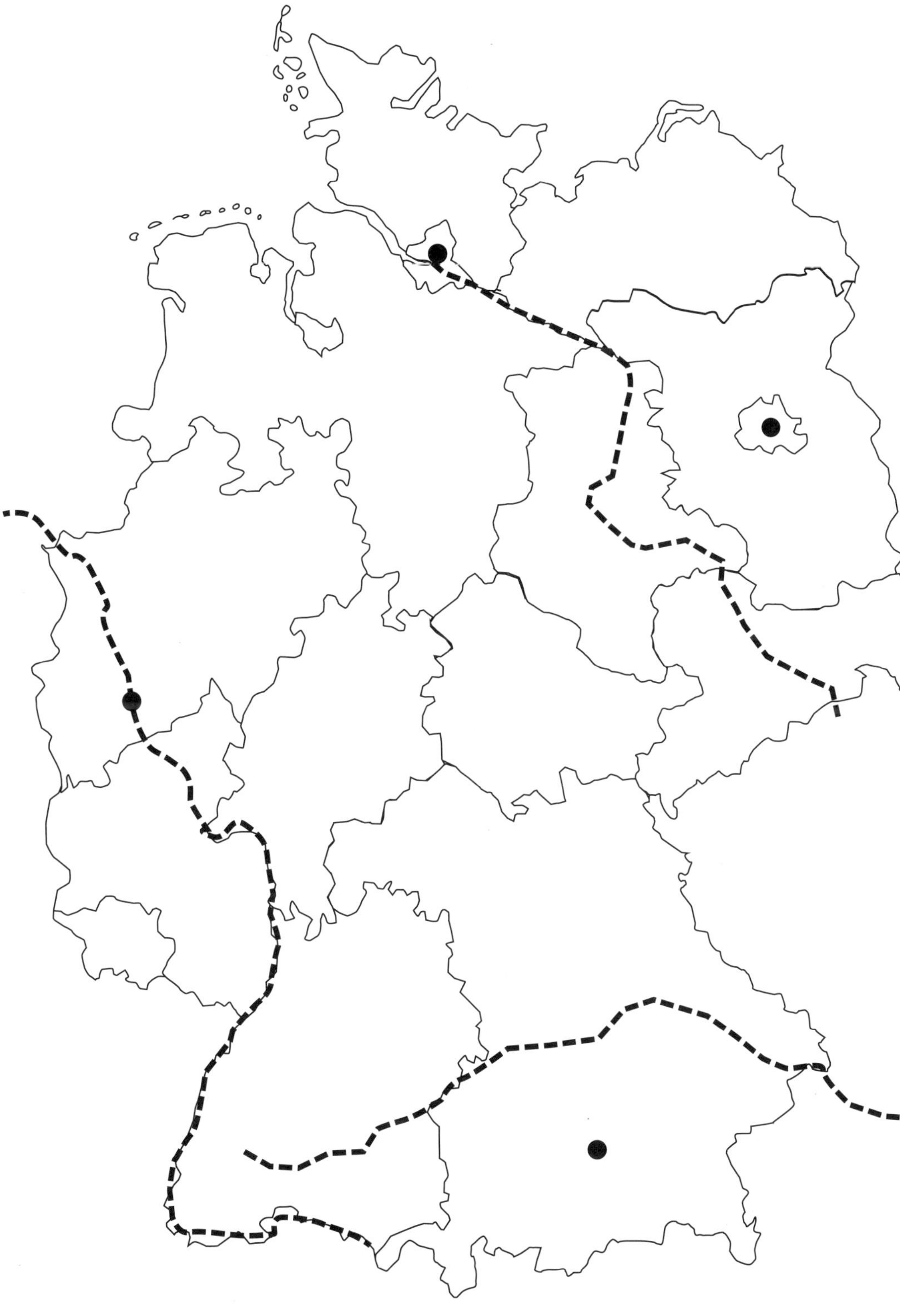

Station 4 Bundesländer-Memory® (1)

Deutschland hat 16 Bundesländer. Jedes Bundesland hat auch eine eigene Hauptstadt. Berlin, Bremen und Hamburg sind hierbei besonders: Sie sind gleichzeitig Städte und auch Bundesländer. Man nennt sie auch Stadtstaaten.

Aufgabe:

Schneide die Memorykarten auf Blatt 2 und 3 aus. Spiele mit einem Partner das Spiel. Falls ihr euch unsicher seid, schaut auf die Übersichtskarte unten.

Hessen		**Thüringen**	
Sachsen		**Bayern**	
Bremen		**Brandenburg**	
Berlin		**Saarland**	

Station 4 Bundesländer-Memory® (3)

Baden-Württemberg		**Schleswig-Holstein**	
Sachsen-Anhalt		**Niedersachsen**	
Nordrhein-Westfalen		**Hamburg**	
Mecklenburg-Vorpommern		**Rheinland-Pfalz**	

Station 5 Bundesländer-Mix

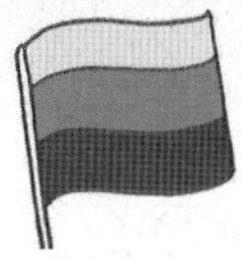

Aufgabe:

1. Welche Bundesländer haben sich hier vermischt?

a) Mecklenburg-Württemberg

____

und

____

b) Rheinland-Anhalt

____

und

____

c) Thürinland

____

und

____

d) Brandenlin

____

und

____

2. Erfinde ein eigenes gemischtes Bundesland. Findet dein Partner heraus, welche Bundesländer du gemischt hast?

____

____

Station 6 Hauptstädte-Domino ☺☺

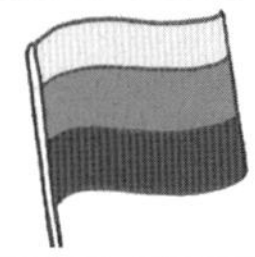

Aufgabe:

Wie du bereits weißt, hat jedes Bundesland auch eine eigene Hauptstadt. Welche das sind, erfährst du, wenn du dir das Dominospiel ansiehst. Schneide dann die Karten aus und spiele das Spiel mit einem Partner.

Start	Bundesland: Berlin	Hauptstadt: Berlin	Bundesland: Bremen
Hauptstadt: Bremen	Bundesland: Hamburg	Hauptstadt: Hamburg	Bundesland: Schleswig-Holstein
Hauptstadt: Kiel	Bundesland: Niedersachsen	Hauptstadt: Hannover	Bundesland: Nordrhein-Westfalen
Hauptstadt: Düsseldorf	Bundesland: Hessen	Hauptstadt: Wiesbaden	Bundesland: Thüringen
Hauptstadt: Erfurt	Bundesland: Baden-Württemberg	Hauptstadt: Stuttgart	Bundesland: Bayern
Hauptstadt: München	Bundesland: Brandenburg	Hauptstadt: Potsdam	Bundesland: Sachsen
Hauptstadt: Dresden	Bundesland: Sachsen-Anhalt	Hauptstadt: Magdeburg	Bundesland: Mecklenburg-Vorpommern
Hauptstadt: Schwerin	Bundesland: Saarland	Hauptstadt: Saarbrücken	Bundesland: Rheinland-Pfalz
Hauptstadt: Mainz	Ende		

Station 7 Hauptstädte zuordnen

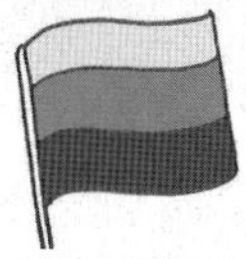

Aufgabe:

1. Vervollständige die Tabelle.

Bundesland	Hauptstadt
Berlin	
Bremen	
	Hamburg
Schleswig-Holstein	
	Hannover
Nordrhein-Westfalen	
Hessen	
	Erfurt
Baden-Württemberg	
Bayern	
	Potsdam
Sachsen	
Sachsen-Anhalt	

2. Welche drei Bundesländer fehlen? Schreibe sie hier mit ihren Hauptstädten auf:

Station 8 Berge

Auf Landkarten erkennst du Berge meist an der braunen Farbe. Häufig sind Höhenlinien abgebildet. Sie haben eine ovale Form und zeigen dir, wie steil oder flach der Berg an einer Stelle ist. Je näher die Linien beieinander sind, desto steiler ist hier der Berg.

Aufgabe:

Sieh dir die Gebirge Deutschlands auf dem Karten-Ausschnitt an. Drei davon haben sich im Suchsel versteckt. Findest du sie?

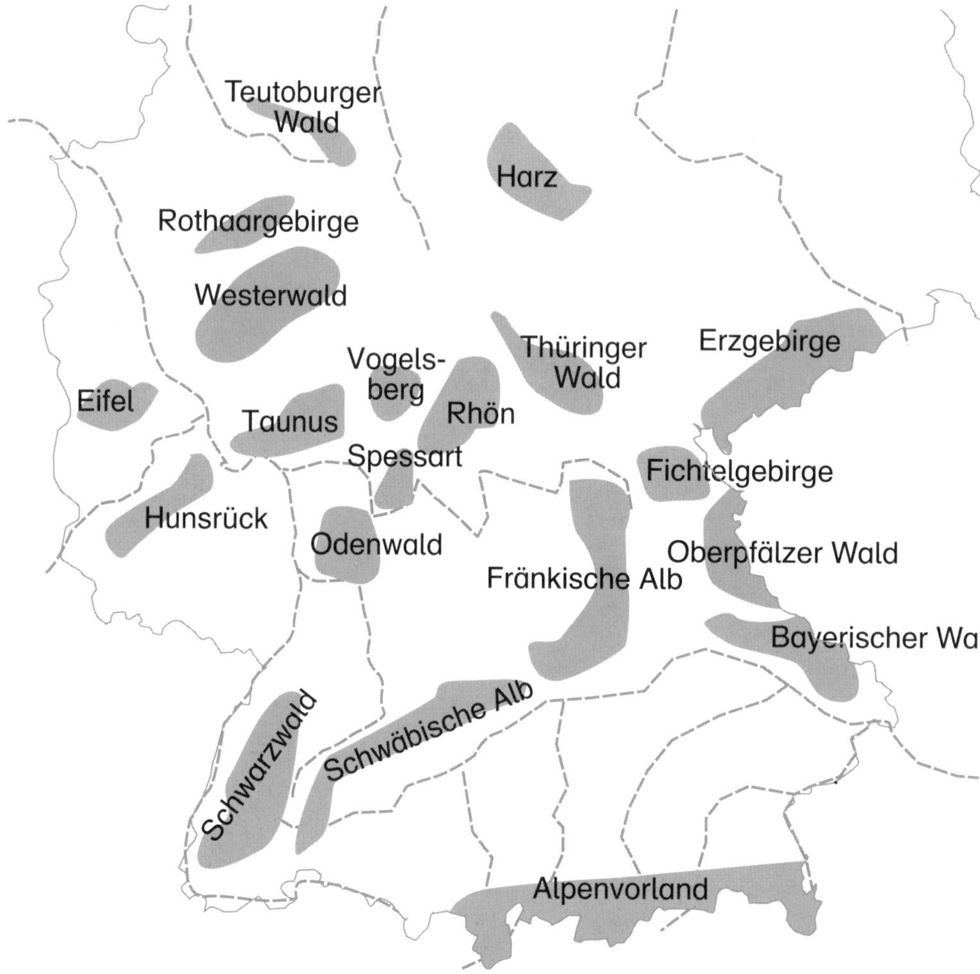

E	W	E	S	T	E	R	W	A	L	D	G
D	F	H	T	Z	U	I	O	L	Ö	M	N
X	C	V	B	N	M	K	L	H	W	E	R
D	F	G	O	D	E	N	W	A	L	D	J
S	A	S	O	M	A	C	A	R	E	S	E
C	F	T	B	G	R	F	D	Z	W	S	D

Station 9 Nationalhymne

Die Nationalhymne ist ein Musikstück oder Lied eines Landes, das zu besonderen Anlässen gespielt wird. Zuerst gab es das Gedicht „Das Lied der Deutschen“, das August Heinrich Hoffmann von Fallersleben im Jahr 1841 schrieb. Die dritte Strophe davon wird als Deutsche Nationalhymne auf eine Melodie des Komponisten Joseph Haydn (1732-1809) gesungen.

Aufgabe:

1. Schneide die Puzzleteile aus und puzzle sie richtig zusammen. So erhältst du Text und Melodie unserer Nationalhymne.

2. Zu welchen Anlässen wird die Nationalhymne gespielt? Fallen dir Beispiele ein?

Station 10 Staatswappen und Nationalflagge

Aufgabe:

1. Lies unten den Text und male dann das deutsche Wappen in den richtigen Farben aus.

Das deutsche Wappen hat dieselben Farben wie die Nationalflagge.

Auf dem deutschen Wappen ist ein schwarzer Adler zu sehen.

Vom Betrachter aus richtet er den Kopf nach links.

Er hat rote Fänge (so nennt man seine Krallen). Schnabel und Zunge des Adlers haben dieselbe Farbe wie seine Fänge.

Das Wappenschild hat die Farbe goldgelb.

2. Male nun auch die deutsche Nationalflagge in den richtigen Farben an. Die Farben sind dieselben wie die des Wappens. Male die Flagge von oben nach unten in der Reihenfolge der Farben an, wie sie im Text oben genannt wurden.

Station 11 Politik

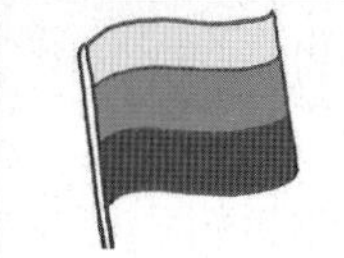

Wir leben in der Bundesrepublik Deutschland. Aber wer bestimmt hier eigentlich, welche Gesetze es gibt und was man darf oder nicht?

Aufgabe:

1. Lies dir den Text sorgfältig durch. Markiere wichtige Stellen.

Das Staatsoberhaupt der Bunderepublik Deutschland ist der Bundespräsident. Er hält Reden und Ansprachen zu wichtigen Anlässen. Er besucht andere Länder und empfängt auch Staatsbesucher. Er ernennt den Bundeskanzler oder die Bundeskanzlerin.

Gesetze und Verordnungen werden von der Bundesregierung umgesetzt. Chef dieser Bundesregierung ist der Bundeskanzler oder die Bundeskanzlerin.

Da die Bundesrepublik Deutschland eine Demokratie ist, darf das Volk mitbestimmen. Jeder Einwohner Deutschlands, der über 18 Jahre alt ist, darf wählen. Alle vier Jahre stellen mehrere Parteien einen Kanzlerkandidaten vor. Das Volk wählt nun eine Partei. Der Kanzlerkandidat der Partei, die gewinnt, wird Bundeskanzler (Bundeskanzlerin). Er (oder sie) ist dann Chef(in) der Regierung.

In der Regierung sind aber auch Bundesminister. Jeder Minister/jede Ministerin hat einen Bereich, für den er/sie verantwortlich ist. Das können Bereiche wie Gesundheit, Umwelt, Bildung oder Finanzen sein.

2. Finde heraus, wer im Moment in Deutschland folgendes Amt hat:

Bundespräsident/-in: ______________________________

Bundeskanzler/-in: ______________________________

Aufgabe:

Setze die richtigen Wörter in die Lücken ein.

Der Zweite ______________________________ war vorbei und Deutschland wurde 1949 in Ost- und Westdeutschland aufgeteilt. Der Westteil wurde zur

____

Deutschland (BRD) und der Ostteil zur Deutschen Demokratischen Republik (DDR). Es gab streng bewachte Grenzen. Die Menschen sollten nicht von einem Teil zum anderen Teil Deutschlands wechseln können. Deshalb wurde 1961 sogar eine __________________ gebaut. Sie war sehr hoch und mit Stacheldraht und Minen gesichert. Außerdem gab es viele Wachen. Insgesamt war die Mauer fast 170 km lang. Viele Menschen wollten über die Mauer ______________________. Es gelang nur wenigen Menschen. Einige kamen dabei ums Leben. Am 9. November 1989 einigten sich Politiker der BRD und der DDR darauf, die Grenzen wieder zu ______________________. Die Menschen waren überglücklich. Die Mauer wurde niedergerissen. Am 3. Oktober 1990 wurden BRD und DDR offiziell wieder zu einem Land vereinigt. Deshalb feiern wir jedes Jahr am ______________________ den Tag der Deutschen Einheit als Feiertag.

Mauer – Weltkrieg – flüchten
Bundesrepublik – öffnen – 3. Oktober

Station 13 Wahrzeichen

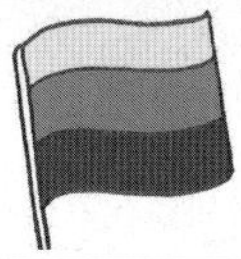

Aufgabe:

Klebe die bekanntesten Wahrzeichen Deutschlands an die richtige Stelle der Deutschlandkarte.

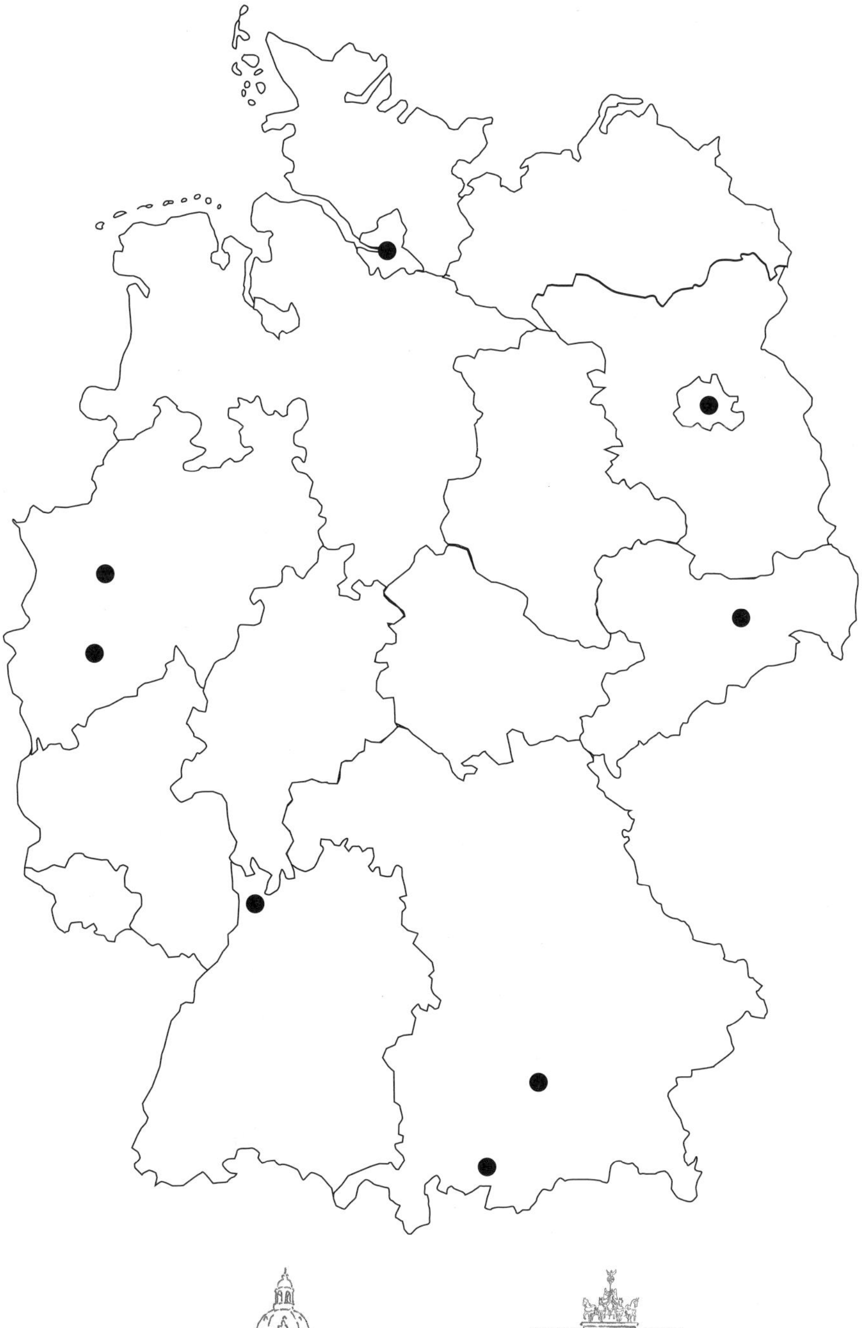

Köln – Dom

Dresden – Frauenkirche

Berlin – Brandenburger Tor

Hohenschwangau – Schloss Neuschwanstein

Hamburg – Hafen

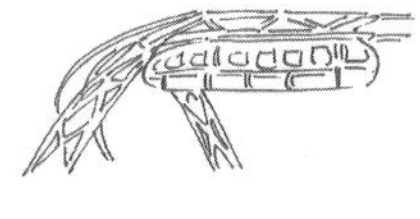

Wuppertal – Schwebebahn

München – Olympiastadion

Heidelberg – Schloss

Station 1 Länder Europas

Aufgabe:

Zu Europa zählen 47 Länder, wenn man auch Länder mit dazuzählt, die nur einen Teil auf europäischem Gebiet liegen.

In der Wörterschlange sind die Länder Europas versteckt. Finde heraus, welche Länder unten in den Kästen nicht zu Europa gehören und streiche sie durch.

AlbanienAndorraBelgienBosnienHerzegowina
BulgarienDänemarkDeutschlandEstlandFinnland
FrankreichGriechenlandItalienIslandIrlandKasachstanKosovoKroatien
LettlandLiechtensteinLitauenLuxemburgMaltaMazedonienMoldawien
MonacoMontenegroNiederlandNorwegenÖsterreichPolenPortugalRu
mänienRusslandSanMarinoSchwedenSchweizSerbienSlowakeiSlowe
nienSpanienTschechienTürkeiUkraineUngarnVatikanstadtVereinigtesKö
nigreichWeißrussland

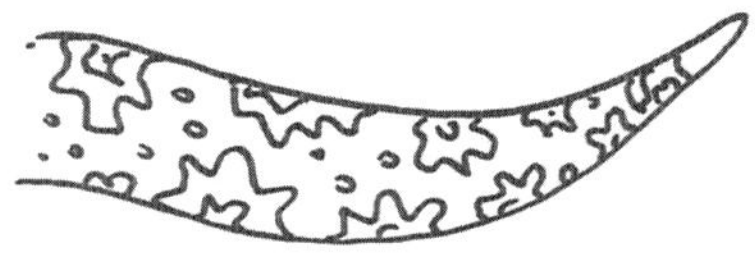

China

Portugal

Ägypten

Malta

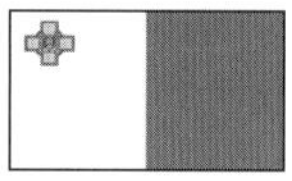

Tunesien

Marokko

Spanien

Station 2 Guten Morgen, Europa!

Aufgabe:

In Europa werden viele Sprachen gesprochen. In fast jedem Land wünscht man sich anders „Guten Morgen“. Versuche, die Sprachen den richtigen Ländern zuzuordnen, indem du die Kästen in der gleichen Farbe anmalst.

Svea lebt in einer kleinen Stadt an einem großen See. Sie sagt morgens: **„God morgon!“.** In ihrem Land lebte auch Astrid Lindgren, die Erfinderin von Pippi Langstrumpf. Außerdem gibt es hier viele Elche.

Vereinigtes Königreich (Großbritannien)

Tom lebt in London. Heute will er mit seinem Vater den Buckingham-Palace besuchen, in dem die Queen, also die Königin des Landes, lebt. Er wünscht seinem Vater morgens: **„Good morning!“**

Frankreich

Marie kommt gerade vom Bäcker. Sie hat Baguette für das Frühstück gekauft. Auf ihrem Weg nach Hause kommt sie am Eiffelturm vorbei. Als sie das Haus betritt, ruft sie: **„Bonjour!“**

Schweden

Station 3 Europäische Union (EU)

Die **Europäische Union (EU)** wurde 1957 gegründet. Die Länder wollten zusammenarbeiten und somit dauerhaften Frieden bringen. Zu Beginn gehörten nur wenige Länder zur EU, mittlerweile sind es 28 Staaten.

Aufgabe:

Hier findest du einige Flaggen von Mitgliedsstaaten der EU. Male sie richtig an.

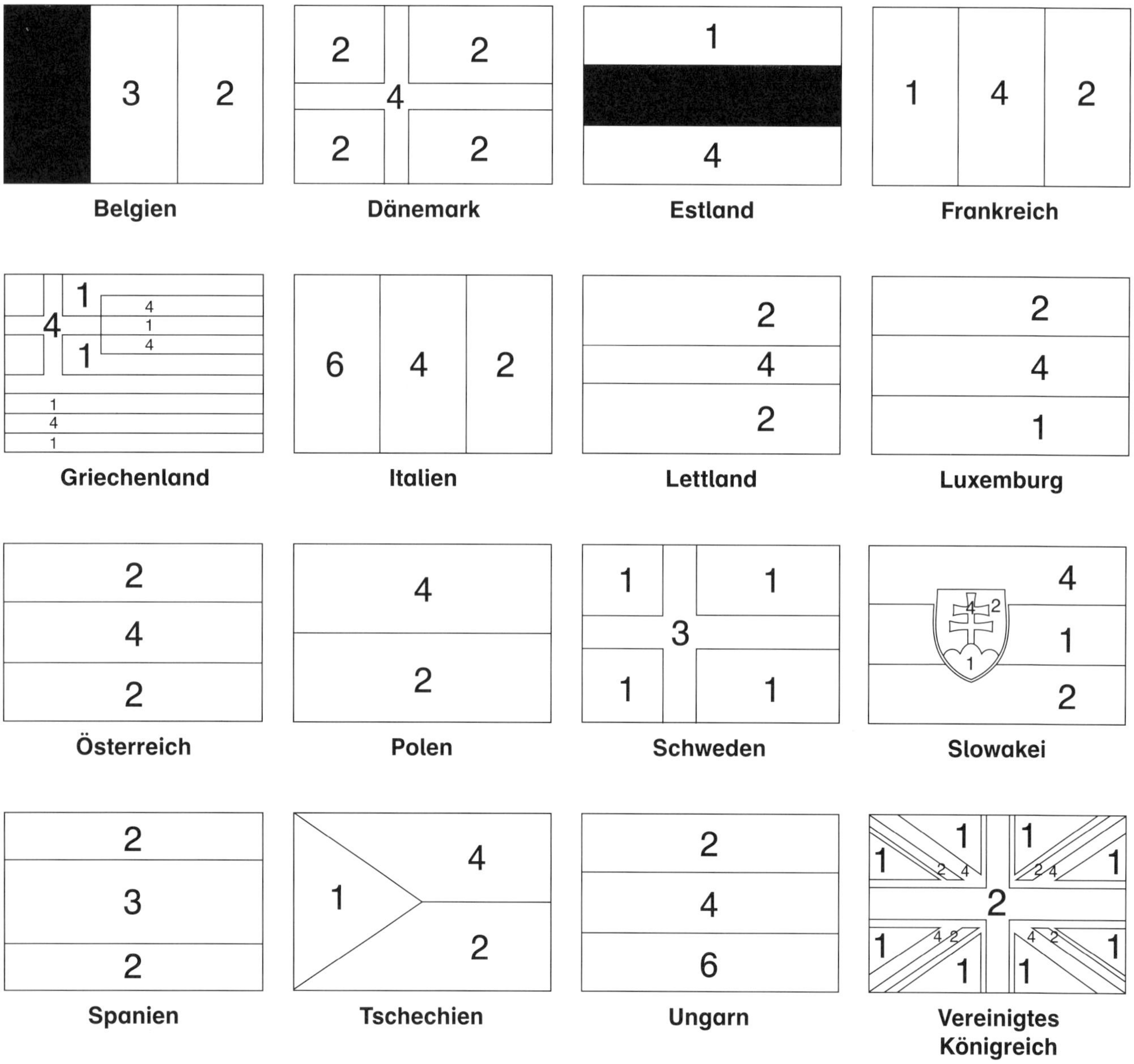

1 = blau **2 = rot** **3 = gelb**
4 = weiß **5 = orange** **6 = grün**

Station 4 Symbole

Die Europaflagge hast du bestimmt schon einmal gesehen. Auch die Währung Euro kennst du. Aber kennst du auch die anderen Symbole und Wahrzeichen Europas?

Aufgabe:

Verbinde die Kästen richtig miteinander.

Am 9. Mai 1950 gab der französische Außenminister Robert Schuman eine Erklärung von seiner Idee vom Vereinten Europa ab. Seitdem gilt dieser Tag als Geburtsstunde der EU und wird daher als Europatag gefeiert.

Die Europaflagge ist blau mit einem Kreis aus 12 goldenen Sternen. Das soll Einheit, Solidarität und Harmonie unter den Völkern Europas symbolisieren.

Die Hymne der EU ist das Stück „Ode an die Freude“ von Ludwig van Beethoven.
Der Text wird nicht gesungen.

Diese europäische Einheitswährung wurde mittlerweile in über 20 Ländern der EU eingeführt.

Station 5 Der Euro

Aufgabe:

1. Lies dir den Text über den Euro sorgfältig durch.

Am 1. Januar 2002 wurde der Euro als neue Währung eingeführt und löste in Deutschland die „Deutsche Mark" ab. In den Ländern, die den Euro haben, sehen die Euro-Geldscheine gleich aus. Sie unterscheiden sich nur durch die erste Stelle der Seriennummer. Der dort verwendete Buchstabe zeigt an, in welchem Land der Schein gedruckt wurde. Die Euro-Münzen haben in allen Ländern die gleiche Vorderseite. Die Rückseite unterscheidet sich jedoch von Land zu Land.

2. Male die Kästchen neben den richtigen Aussagen an und du findest heraus, wie der Cent vor der Euro-Einführung hieß.

Am 1. Februar 2002 wurde der Euro in Deutschland eingeführt.	**A**
Am 1. Januar 2002 wurde der Euro in Afrika eingeführt.	**S**
In Deutschland wurde der Euro am 1. Januar 2002 eingeführt.	**F**
Vorher gab es in Deutschland die „Deutsche Mark".	**E**
In allen Euro-Ländern unterscheiden sich die Scheine nur auf der Rückseite.	**B**
Die Scheine unterscheiden sich nur durch die Seriennummer. Ansonsten sind sie gleich.	**N**
Anhand des ersten Buchstabens der Seriennummer kann man feststellen, in welchem Land der Schein gedruckt wurde.	**N**
Anhand des letzten Buchstabens der Seriennummer kann man feststellen, in welchem Land der Schein gedruckt wurde.	**L**
Die Euro-Münzen unterscheiden sich ebenfalls nur durch die Seriennummer.	**E**
Die Euromünzen haben alle die gleiche Vorderseite.	**I**
Die Rückseite unterscheidet sich von Land zu Land.	**G**

LÖSUNGSWORT: **P** ☐ ☐ ☐ ☐ ☐ ☐

Station 6 Euromünzen

Aufgabe:

Vergleicht verschiedene Euromünzen. Legt sie unter das Blatt und fahrt mit einem Bleistift leicht darüber. So könnt ihr die Münzen genau kopieren. Aus welchen Ländern kommen die von euch gezeichneten Münzen?

Station 7 Menschenrechtskonvention ☺/☺☺

Die EU hat die sogenannte **Europäische Menschenrechtskonvention** zur Einhaltung der Menschenrechte aufgestellt. Jedes Land der EU muss diese Bestimmungen befolgen.

Aufgabe:

1. In den Kästen findest du einige wichtige Menschenrechte. Lies sie dir durch und überlege, was sie bedeuten.

Recht auf Leben und körperliche Unversehrtheit

Recht auf Freiheit, Eigentum und Sicherheit der Person

Gedanken-, Gewissens- und Religionsfreiheit

Recht auf ein faires Verfahren von einem unparteiischen Gericht mit gesetzlichen Richtern

Unschuldsvermutung (im Zweifel für den Angeklagten)

Recht auf Selbst-bestimmung

Recht auf einen angemessenen Lebensstandard und angemessene Nahrung

Gleichberechtigung von Mann und Frau

Recht auf Bildung

2. Besprich mit einem Partner deine Überlegungen zu den Menschenrechten. Überlegt euch zu jedem der oben genannten Rechte ein Beispiel.

Station 8 Kinderrechte (1)

Aufgabe:

1. Lies den Informationstext über die Kinderrechte aufmerksam durch.

In Europa wird großen Wert auf das Einhalten von Kinderrechten gelegt. Wichtig dafür ist die sogenannte Kinderrechtskonvention, in der alle Kinderrechte aufgeschrieben wurden. Diese haben viele Länder auf der ganzen Welt unterschrieben. Diese Rechte stehen auf ungefähr 20 Seiten. Das Wichtigste aber kann man in einigen kurzen Sätzen zusammenfassen:

(A) Alle Kinder haben das Recht, in einer sicheren Umgebung zu leben. Sie dürfen nicht wegen ihrer Herkunft, ihrer Religion oder ihres Geschlechts benachteiligt werden.

(B) Alle Kinder müssen Zugang zu sauberem Wasser und Nahrung haben. Sie haben ein Recht auf medizinische Versorgung.

(C) Sie haben ein Recht auf Bildung und Ausbildung, aber auch auf Freizeit, Spiel und Erholung.

(D) Kindern darf keine Gewalt angetan werden.

2. Welches Kinderrecht findest du besonders wichtig? Warum?

____

____

____

3. Fällt dir noch ein Kinderrecht ein, dass unbedingt aufgeschrieben werden sollte?

____

____

____

Station 8 Kinderrechte (2)

Aufgabe:

Lies dir die Beispiele durch. Überlege dann, zu welchem auf Arbeitsblatt 1 genannten Kinderrecht die Geschichte passt. Schreibe die entsprechenden Buchstaben in den Kreis. Sprecht in der Gruppe über das Thema.

Luca lebt in einem kleinen Dorf. Ihre Eltern arbeiten weit weg in der Stadt. Sie kommen erst sehr spät am Abend nach Hause. Luca kümmert sich um ihre Geschwister. Ihr Vater erlaubt nicht, dass Luca zur Schule geht. Sie soll sich lieber um die Geschwister kümmern und auch bald arbeiten gehen. Dabei ist Luca doch erst zehn Jahre alt.

Jano ist gerade 12 geworden. Er lebt mit seiner Mutter in einer kleinen Hütte. Seine Mutter ist krank geworden. Sie schafft es daher nicht mehr, jeden Tag zur Wasserstelle zu laufen. In Janos' Dorf gibt es kein Wasser aus dem Wasserhahn. Jano trinkt altes Wasser aus dem Eimer. Er fühlt sich auch schon ganz krank. Zum Glück kommt heute seine Tante, um sich um die beiden zu kümmern.

Juri spielt jeden Tag Klavier. Er übt seit seinem dritten Lebensjahr und hat einen sehr strengen Lehrer. Immer wenn Juri sich verspielt, schlägt ihm der Lehrer mit einem Stock auf die Finger. Er meint, dann würde Juri besser lernen. Juris Finger tun immer mehr weh beim Spielen, aber er traut sich nicht, etwas zu sagen. Eines Tages fasst er allen Mut zusammen und erzählt seiner Mutter von den Schlägen. Die fährt sofort mit ihm zur Polizei und zeigt den Klavierlehrer an.

Station 9 Essen in Europa

Aufgabe:

In Europa gibt es viele verschiedene Spezialitäten. Lies genau und finde so heraus, in welchem Land die Spezialität gerne gegessen wird.

Hmmm, lecker, heute gibt es Minestrone. In meinem Land essen die Menschen zwar auch gerne Pizza und Pasta, aber Minestrone ist eine ganz typische Mahlzeit. Es ist eine Gemüsesuppe. Fast jede Familie hat ein eigenes Rezept.

Land:

Ich freu mich schon auf zu Hause. Mama hat mir versprochen, dass sie heute meine Lieblingsgerichte kocht: Kaiserschmarrn und Germknödel. Das esse ich am liebsten, wenn ich gerade vom Schifahren komme!

Land:

Igitt, heute gibt es bei uns Surströmming. Das ist alter, stinkiger Fisch und gilt in meinem Land als Delikatesse. Weil ich das aber nicht gerne esse, macht mir meine Oma Köttbullar. Das sind leckere Hackfleischbällchen. Da freue ich mich drauf.

Land:

Puh, bin ich satt. Eben habe ich mit meiner ganzen Familie zu Abend gegessen. Zuerst gab es Baguette. Dann gab es Spinatquiche und zum Abschluss leckeren Brie und anderen Käse.

Land:

Station 10 Sehenswürdigkeiten in Europa (1)

Aufgabe:

Lies dir die Infokästen zu den Sehenswürdigkeiten Europas genau durch. Löse dann das Kreuzworträtsel.

Das Kolosseum in Rom, Italien

Hier konnten bis zu 50.000 Menschen Gladiatorenkämpfe und Theateraufführungen sehen.

Der Eiffelturm in Paris, Frankreich

Er wurde zur Weltausstellung 1889 erbaut. Der Eiffelturm ist mit der Fernsehantenne 324 m hoch.

Der Tower in London, Vereinigtes Königreich

Der Tower wurde im Mittelalter als Festung gebaut und diente dann als Burg, Waffenkammer, Palast und Gefängnis. Heute werden hier die Kronjuwelen der Queen gelagert.

Das Brandenburger Tor in Berlin, Bundesrepublik Deutschland

Es wurde 1791 fertiggestellt und gilt als Wahrzeichen Berlins. Das Tor wird gekrönt durch die geflügelte Siegesgöttin Viktoria, die einen Wagen lenkt, der von vier Pferden gezogen wird (Quadriga).

Station 10 Sehenswürdigkeiten in Europa (2) ☺

Aufgabe:

Löse das Kreuzworträtsel.

Waagrecht

2 Im Jahr 1889 fand diese Ausstellung in Paris statt.

4 In dieser Stadt steht der Tower.

5 In diesem Land steht der Eiffelturm.

7 So heißt die Siegesgöttin auf dem Brandenburger Tor.

Senkrecht

1 In dieser Stadt steht das Brandenburger Tor.

3 Hier werden die Kronjuwelen der Queen gelagert.

6 Hier wurden früher Gladiatorenkämpfe ausgetragen und Theaterstücke aufgeführt.

Laufzettel

für ______________________

PFLICHTSTATIONEN

Stationsnummer	Erledigt am	Kontrolliert am
Nummer ______		
Nummer ______		
Nummer ______		
Nummer ______		
Nummer ______		
Nummer ______		
Nummer ______		
Nummer ______		
Nummer ______		
Nummer ______		

WAHLSTATIONEN

Stationsnummer	Erledigt am	Kontrolliert am
Nummer ______		
Nummer ______		
Nummer ______		
Nummer ______		

Lösungen

Grundrisse und Pläne/Station 3 — Seite 13

Als Vogel sieht man die Welt aus der **Vogelperspektive**. Das bedeutet, dass man alles von **oben** sieht. Diese Ansicht ist auch sehr praktisch, um Pläne eines Raumes zu zeichnen. Denn wenn man von oben auf etwas draufschaut, versperren einem nicht andere Möbel, Schränke und Ähnliches die **Sicht**. Man nennt diese Ansicht auf Plänen daher auch **Draufsicht**.

Grundrisse und Pläne/Station 4 — Seite 14

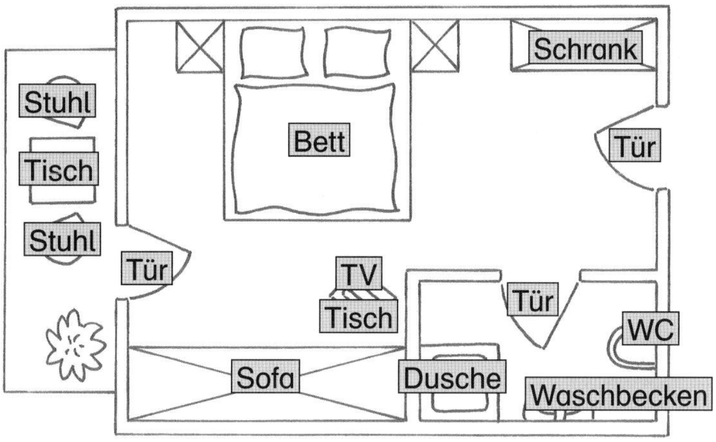

Grundrisse und Pläne/Station 7 (2) — Seite 18

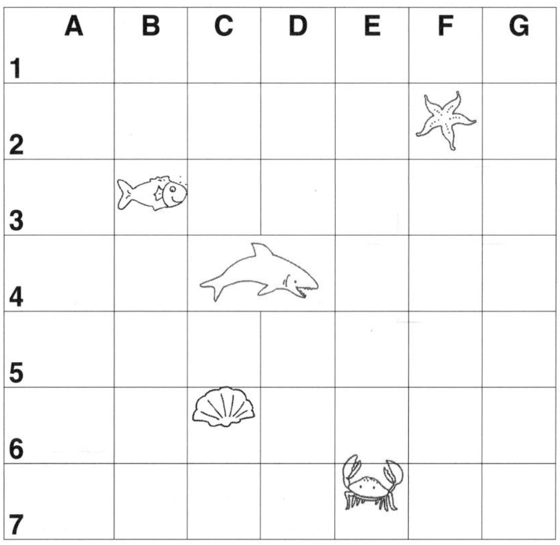

Grundrisse und Pläne/Station 8 (1) — Seite 19

Schule: A3, Campingplatz: C4,
Postamt: B3-C3

Grundrisse und Pläne/Station 9 — Seite 20

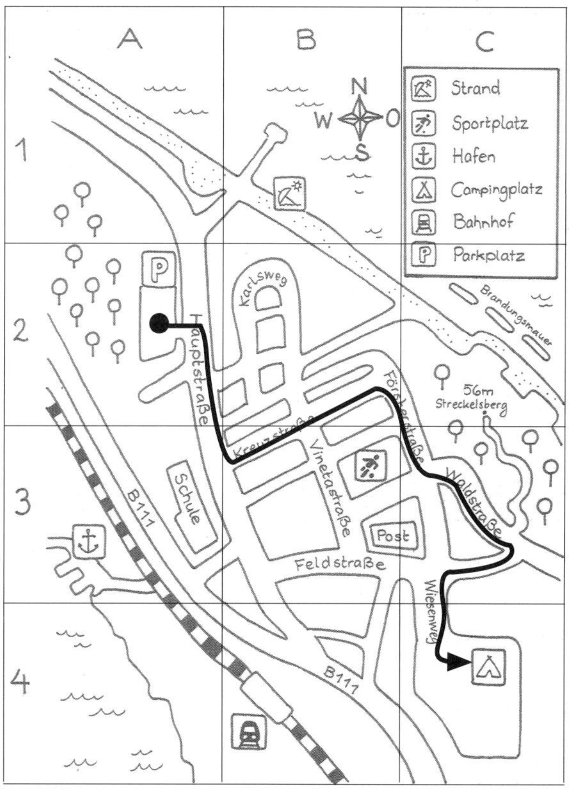

Ort/Stadt/Gemeinde/Station 2 — Seite 25

Oberbürgermeister

Wenn eine Stadt mehr als 50.000 Einwohner hat, so nennt man ihn nicht mehr Bürgermeister, sondern so, wie es hier noch zu finden ist.

Standesbeamter

Hier können Menschen ihre Ehe eingehen. Sie werden von ihm getraut und er sorgt dafür, dass zwei Menschen als Freunde ins Rathaus oder das Trauzimmer gehen und es als „Verheiratete", nämlich als Ehemann und Ehefrau, verlassen.

Magistrat oder Gemeindevorstand

Dies ist die Vertretung der gesamten Gemeinde. Der Bürgermeister steht für die Interessen der Stadt ein und hat beispielsweise in Hessen nicht so großen Einfluss auf Entscheidungen wie in anderen Bundesländern. Hier muss er sich dem Gemeindevorstand unterordnen, der die Gesetze und Entscheidungen trifft. In großen Städten nennt man den Gemeindevorstand Magistrat.

Rathaus

Hier arbeiten viele Menschen. Sie kümmern sich um Angelegenheiten, die die Stadt und die Gemeinde betreffen. Der Chef dieses großen Gebäudes ist der Bürgermeister. Er wird von vielen Mitarbeitern unterstützt und ist für das Funktionieren der Stadt verantwortlich.

Bürgermeister

Er wurde von den über 18 Jahre alten Einwohnern für 6 Jahre in sein Amt gewählt. Er vertritt seine Stadt bzw. sein Dorf nach außen. Daher hat er viel Verantwortung zu tragen. Was er macht, ist kein Beruf, den man erlernen kann, sondern ein politisches Amt.

Kindergarten

Diese Einrichtung wird von der Stadt/der Gemeinde für die Kinder der Einwohner zur Verfügung gestellt. Die Eltern zahlen meistens zwar Geld dafür, aber einen Teil des Geldes für das Gebäude und die Erzieher wird von der Stadt übernommen.

Ort/Stadt/Gemeinde/Station 3 — Seite 26

Metzgerei / Fleischerei, Bäckerei, Supermarkt, Post

Ort/Stadt/Gemeinde/Station 4 — Seite 27

Bäckerei, Bücherei, Supermarkt, Konditorei / Café, Bank, Apotheke, Metzgerei / Fleischerei, Post

Ort/Stadt/Gemeinde/Station 5 — Seite 28

Standesamt im Rathaus, Krankenhaus, Kirche, Zahnarzt, Bahnhof, Bushaltestelle, Park

Ort/Stadt/Gemeinde/Station 6 — Seite 29

Waagrecht: 1 Restaurant, 4 Stadion, 6 Kino, 7 Oper, **Senkrecht**: 2 Theater, 3 Disko, 5 Zoo

Ort/Stadt/Gemeinde/Station 7 — Seite 30

Fahrrad, Taxi, Flugzeug, Motorrad

Ort/Stadt/Gemeinde/Station 8 — Seite 31

HH = Hamburg, **OL** = Oldenburg, **F** = Frankfurt am Main, **B** = Berlin, **E** = Essen, **EF** = Erfurt, **GTH** = Gotha, **FÜ** = Fürth, **GÖ** = Göttingen

Mein Bundesland/Station 4 — Seite 48

Weißwurst, Brezen = Bayern, Pfannkuchen = Berlin,
Schwarzwälder Kirschtorte = Baden-Württemberg

Mein Bundesland/Station 8 — Seite 52

B	E	R	L	I	N	R	E	V	O	N	N	A	H
R	A	T	R	A	G	T	T	U	T	S	C	B	A
E	R	T	Z	U	I	V	N	E	H	C	N	Ü	M
M	A	G	D	E	B	U	R	G	C	H	G	B	B
E	W	P	O	T	S	D	A	M	C	W	F	G	U
N	S	A	A	R	B	R	Ü	C	K	E	N	M	R
W	I	E	S	B	A	D	E	N	I	R	B	A	G
E	R	F	U	R	T	B	V	F	E	I	R	I	D
D	R	E	S	D	E	N	F	G	L	N	E	N	S
D	Ü	S	S	E	L	D	O	R	F	F	G	Z	B

Deutschland/Station 2 — Seite 55

N I E D E R[3] L A N D E

B[1] E L G I E N

S C H W E I Z

Ö S T E R R E I[5] C H

T S C H E C H I E N[6]

P O L[4] E N

F R A N K R E[2] I C H

L U X E M B U R G

LÖSUNGSWORT:

1 B | 2 E | 3 R | 4 L | 5 I | 6 N

Deutschland/Station 4 Seite 59

Hessen		**Thüringen**	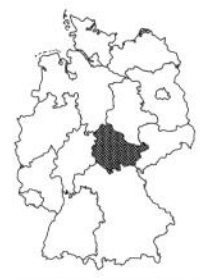	**Baden-Württemberg**		**Schleswig-Holstein**	
Sachsen		**Bayern**		**Sachsen-Anhalt**	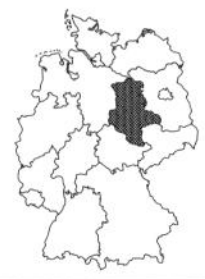	**Niedersachsen**	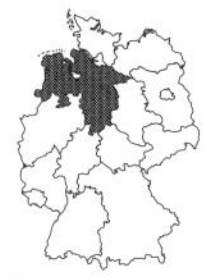
Bremen		**Brandenburg**		**Nordrhein-Westfalen**		**Hamburg**	
Berlin		**Saarland**		**Mecklenburg-Vorpommern**		**Rheinland-Pfalz**	

Deutschland/Station 5 Seite 61

Mecklenburg-Vorpommern + Baden-Württemberg, Rheinland-Pfalz + Sachsen Anhalt, Thüringen + Saarland, Brandenburg + Berlin

Deutschland/Station 7 Seite 63

Bundesland	**Hauptstadt**
Berlin	Berlin
Bremen	Bremen
Hamburg	Hamburg
Schleswig-Holstein	Kiel
Niedersachsen	Hannover
Nordrhein-Westfalen	Düsseldorf
Hessen	Wiesbaden
Thüringen	Erfurt
Baden-Württemberg	Stuttgart
Bayern	München
Brandenburg	Potsdam
Sachsen	Dresden
Sachsen-Anhalt	Magdeburg

Welche drei Bundesländer fehlen?
Schreibe sie hier mit ihren Hauptstädten auf:

Saarland	Saarbrücken
Mecklenburg-Vorpommern	Schwerin
Rheinland-Pfalz	Mainz

Deutschland/Station 8 Seite 64

E	W	E	S	T	E	R	W	A	L	D	G
D	F	H	T	Z	U	I	O	L	Ö	M	N
X	C	V	B	N	M	K	L	H	W	E	R
D	F	G	O	D	E	N	W	A	L	D	J
S	A	S	O	M	A	C	A	R	E	S	E
C	F	T	B	G	R	F	D	Z	W	S	D

Deutschland/Station 9 Seite 65

Deutschland/Station 12 Seite 68

Der Zweite **Weltkrieg** war vorbei und Deutschland wurde 1949 in Ost- und Westdeutschland aufgeteilt. Der Westteil wurde zur **Bundesrepublik** Deutschland (BRD) und der Ostteil zur Deutschen Demokratischen Republik (DDR). Es gab streng bewachte Grenzen. Die Menschen sollten nicht von einem Teil zum anderen Teil Deutschlands wechseln können. Deshalb wurde 1961 sogar eine **Mauer** gebaut. Sie war sehr hoch und mit Stacheldraht und Minen gesichert. Außerdem gab es viele Wachen. Insgesamt war die Mauer fast 170 km lang. Viele Menschen wollten über die Mauer **flüchten**. Es gelang nur wenigen Menschen. Viele kamen dabei ums Leben. Am 9. November 1989 einigten sich Politiker der BRD und der DDR darauf, die Grenzen wieder zu **öffnen**. Die Menschen waren überglücklich. Die Mauer wurde niedergerissen. Am **3. Oktober** 1990 wurden Ost- und Westdeutschland offiziell wieder zu einem Land vereinigt. Deshalb feiern wir jedes Jahr am 3. Oktober den Tag der Deutschen Einheit als Feiertag.

Deutschland/Station 13 — Seite 69

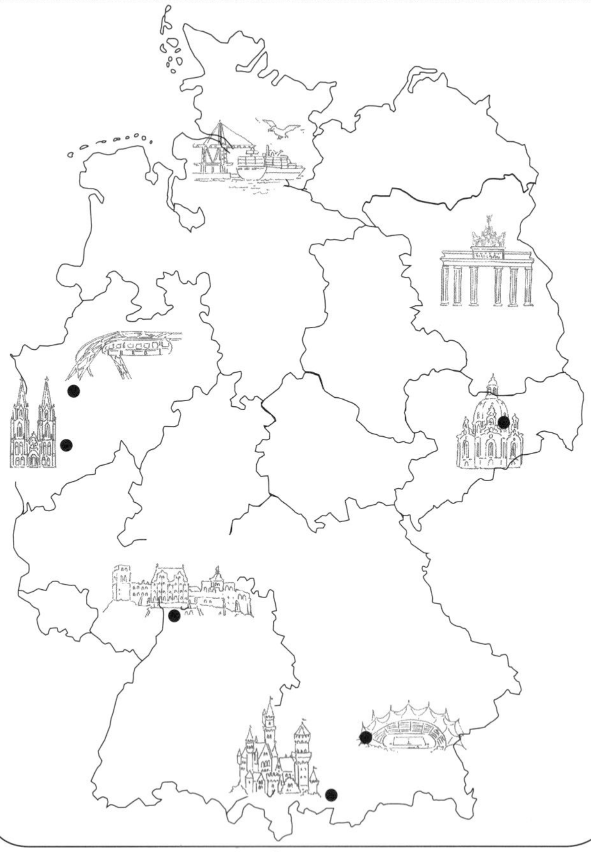

Europa/Station 1 — Seite 70

China, Ägypten, Marokko, Tunesien gehören nicht zu Europa.

Europa/Station 2 — Seite 71

Svea: Schweden, Tom: Vereinigtes Königreich, Marie: Frankreich

Europa/Station 3 — Seite 72

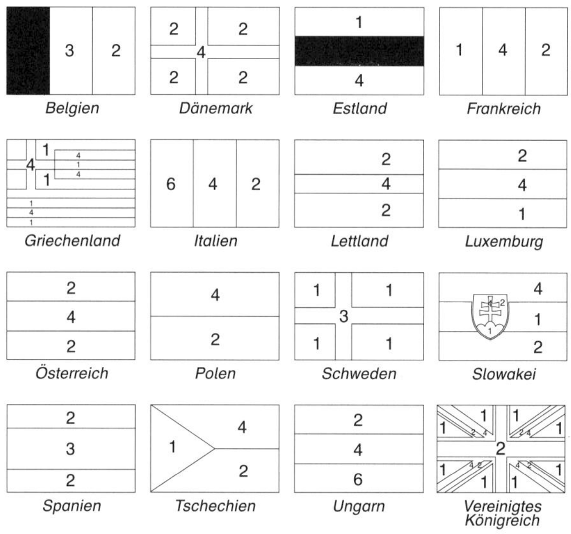

Europa/Station 4 — Seite 73

Am 9. Mai 1950 gab der französische Außenminister Robert Schuman eine Erklärung von seiner Idee vom Vereinten Europa ab. Seitdem gilt dieser Tag als Geburtsstunde der EU und wird daher als Europatag gefeiert.

Die Europaflagge ist blau mit einem Kreis aus 12 goldenen Sternen. Das soll Einheit, Solidarität und Harmonie unter den Völkern Europas symbolisieren.

Die Hymne der EU ist das Stück „Ode an die Freude“ von Ludwig van Beethoven. Der Text wird nicht gesungen.

Diese europäische Einheitswährung wurde mittlerweile in über 20 Ländern der EU eingeführt.

Europa/Station 5 — Seite 74

LÖSUNGSWORT:

P	F	E	N	N	I	G

Europa/Station 9 — Seite 79

Italien, Österreich, Schweden, Frankreich

Europa/Station 10 (2) — Seite 81

Waagrecht: 2 Weltausstellung, 4 London, 5 Frankreich, 7 Viktoria,
Senkrecht: 1 Berlin, 3 Tower, 6 Kolosseum